Auteor: Roger D. Muñoz

LIBEREZ-VOUS DES OPPRESSIONS

Libérez-vous des Oppressions

Auteor: Roger D. Muñoz

ARMES PUISSANTES DE GUERRE SPITIRUELLE

LIBEREZ-VOUS DES OPPRESSIONS

Copyright © 2015 Roger De Jesus Muñoz Caballero

Publié par:

Christ Libera

Ministère de la santé et de la délivrance

Seattle, WA 98115

USA

www.cristolibera.org

Tous droits réservés.

ISBN: 13:978-0-9964859-6-8

ISBN-10:0996485961

Première impression 2015

Imprimé aux Etats-Unis

ROGER D. MUNOZ

ARMES PUISSANTES DE GUERRE SPITIRUELLE

LIBEREZ-VOUS DES OPPRESSIONS

Roger D. Muñoz

MINISTERE DE LIBERATION ET GUERISON

Seattle WA 98115

www.cristolibera.org

USA

Roger Muñoz est un serviteur de Dieu. Il me forme en libération depuis très longtemps. J'ai eu l'opportunite de le rencontrer aux Etats-Unis où il m'a donné une formation en libération. Merci à Jesus-Christ d'avoir mis sur mon chemin, ce serviteur de Dieu car maintenant grâce à lui j'ai pu libérer beaucoup de personnes dans ce beau pays: le Japon.

___ PASTEUR JAIME TERUYA

EGLISE CHRETIENNE RENACIER AU JAPON

Le Pasteur Roger Munoz laisse un puissant héritage à celui qui cherche à apprendre davantage la libération. Ce livre est un outil indispensable pour tous les serviteurs du royaume de Dieu et sa justice. Je reconnais son immense implication dans la mission de libération que Dieu lui a donnée.

___ PASTEUR EUGENIO MANUEL TORRES

IGLESIA REFORMADA CRISTO JUSTICIA Nuestra

SANTA MARTA, COLOMBIE, SUD AMERICA

Le Pasteur Roger Munoz a été invité à plusieurs reprises pour des conférences sur la libération et la guerre spirituelle. Chacune de ses interventions était une vraie bénédiction.

___ PASTEUR JOSE RAMOS

CONDUCTOR PROGRAMA RADIAL PASTORES UNIDOS POR CRISTO

PRESIDENTE DE LA ALIANZA EVANGELICA HISPANA DEL NORTE

Roger Muñoz a été d'une grande bénédiction dans ma vie et celle de mon ministère. Grâce à son travail, il nous a enseigné à mieux servir Dieu et son église, Il a ammené la liberté à tous les captifs de Satan. Que Dieu continue à le garder, à le bénir et à faire prospérer tout ce qu'il fait.

___ APOSTOL MARIO BONILLAS

FUNDADOR DEL CONCILIO IGLESIA EBENEZER USA.

Roger Munoz, était un homme d'affaires en Colombie, mais depuis qu'il a pris la decision de suivre le chemin de Jesus-Christ, il a reçu pour mission la liberté spirituelle. Il est le fondateur du ministère "cristo libera" et il a délivré beaucoup de personnes dans le monde entier.

___ REV. JORGE GUTIERREZ

IGLESIA CRISTIANA DE LAS AMERICAS

SEATTLE WASHINGTON USA.

Roger Munoz, est bénévole dans le ministère de détention d'immigrés dans une prison de Tacoma Washington, USA. Une fois par mois, il apporte la parole de Dieu pour sauver les vies par Jesus-Christ.

___PASTOR HABTOM GHEBRU

Auteor: Roger D. Muñoz

LA VERSION DE LA BIBLIE QUE NOUS UTILISONS EST LA LOUIS SEGOND

TABLE DES MATIERES

AUTEUR 11
REMERCIEMENTS 13
PROPOS 15
NTRODUCTION 17
1. TÉMOIGNAGE DE L'AUTEUR.. 19
2. CINQ RAISONS POUR LESQUELLES CE LIVRE A ETE ELABORE 25
3. DIX PRINCIPES EXPLIQUANT POURQUOI ET COMMENT FAIRE LES LIBERATIONS. 27
4. DIX EXIGENCES CLE POUR ETRE DELIVRE 33
5. CLE POUR LA LIBERATION 35
6. PROBLEMATIQUE ET SOLUTION DES PECHES ET MALEDICTIONS. 37
7. CONFÉRENCE DE LIBÉRATION AU MINNESOTA 51
8. CONFÉRENCE DE PRESSE A QUELQUES LEADERS EN CALIFORNIE. 67
9. PORTES PRINCIPALES D ENTRÉES AUX DEMONS. 73
10. CONFÉRENCE SUR LES PORTES D'ENTRÉES DÉMONIAQUES 81
11. CONSTRUIRE UNE ÉQUIPE DE LIBERATION 119
12. COMMENT DETRUIRE LA SORCELLERIE ET LES ENVOUTEMENT LES PLUS COMMUNS. 165
13. TEMOIGNAGES ET PROCESSUS DE LIBÉRATION 173
14. FORMULAIRE DE QUESTIONS...................................... 205

Auteor: Roger D. Muñoz

AUTEUR

Roger D Muñoz, marié et père de deux fils, c'est l' homme que Dieu a choisit pour fonder et diriger Cristo libera, un ministère de libération et guérison dont le siége social est à Seattle, washington, aux Etats-Unis. En plus de servir localement, il oeuvre dans tous les Etats-Unis et à travers le monde entier via internet, par téléphone, par caméra, il utilise des traducteurs, il voyage parfois là où Dieu l'envoie. La plupart de ces libérations sont visibles sur www.cristolibera.org et sur You Tube.

Roger est un leader et membre actif de l'Église Chrétienne Des Amériques à Seattle Washington, Etats-Unis, est un prédicateur bénévole du ministère de l'Immigration de détention au Nord-Ouest de Tacoma Washington, USA.

Il a été invité à plusieurs reprises en tant que membre du Groupe d'experts de la Conférence de libération et la guerre spirituelle, dans le programme Radio pasteurs Unies pour le Christ évangélique hispanique Alliance Nord-Ouest.

Il a donné de nombreux séminaires, conférences, ateliers et a formé des pasteurs et des dirigeants qui à leur tour aide les gens à se libérer dans leurs congrégations. Pasteur Roger Muñoz laisse un précieux héritage pour ceux qui veulent en savoir plus sur le ministère de la libération.

REMERCIEMENTS

Je suis reconnaissant envers Jésus-Christ de m'avoir racheté et sauvé en versant son sang précieux sur la Croix du Calvaire et de m'utiliser comme outil en me donnant la sagesse d' écrire ce livre.

Je remercie Dieu d'avoir mis sur mon chemin Jorge et Felisa Gutiérrez mes pasteurs, qui dès le début m'ont servi de guides spirituels, ils m'ont apprit à voir Jésus-Christ comme le centre ma vie.

Je tiens également à remercier mon épouse bien-aimée Gladys pour sa patience, sa compréhension et son soutien permanent ainsi que mes deux fils bien-aimés, Roger et Nestor Muñoz. Ma chère mère Isabel Caballero pour être toujours avec moi.

Elsa Hernández, Ingrid Santana e yo Virginie Da silva

Lesquelles avec amour et dévouement on traduit ce livre de GUERRE SPIRITUELLE en français. Ces femmes ont été une grande bénédiction dans ce ministère.

Et je remercie tous ceux qui d'une façon ou d'une autre croyaient dans ce ministère dont ce livre est le résultat.

PROPOS

Chaque chrétien, pasteur, église, groupe de prière partout dans le monde devrait avoir dans les mains ce livre, l'étudier et mettre en pratique cette méthode simple et efficace de libération et de guérison afin d'aider tous ceux qui en ont besoin. Vous pouvez le faire seul mais nous vous recommandons l'aide d'une personne dont la foi est forte persistante.

Auteor: Roger D. Muñoz

INTRODUCTION

Félicitations et bienvenue! Le cœur de Dieu est très heureux avec ce que vous allez apprendre à mettre en œuvre pour votre libération, guérison et celles de toutes les personnes qui besoin d'aide.

Dans ce livre il y a de puissantes armes de combat spirituel que tout le monde devrait connaitre, et de cette manière pouvoir profiter d'une vie abondante que notre Seigneur Jésus-Christ nous a donné. Jésus a fait un travail complet sur la croix lorsqu'il a versé son sang précieux, en pardonnant nos péchés et en enlevant les malédictions de nos vies. Nous devons être libres des maladies, des douleurs, des misères, qui sont les conséquences du péché. Mais quand les péchés sont pardonnés, vous devez obtenir la guérison et la bénédiction, et si ce n' est pas le cas il faudra expulser les mauvais esprits car ils continueront à tourmenter votre vie. Dans cette édition du manuel, vous trouverez les principes bibliques pour être libre, sans eux vous ne pourrez pas le faire. Vous trouverez un formulaire qui vous aidera à trouver les portes d'entrée possibles aux mauvais esprits. Vous y trouverez aussi de puissantes prières quotidiennes pour maintenir votre libération.

Ce manuel a été conçu pour faciliter l'impression du formulaire et des prières lesquelles sont indispensables, et principalement élaboré pour faciliter le travail de ceux qui oeuvrent pour la libération dans les ministères. Il est fortement recommandé d'étudier en même temps : Libérez-vous des oppressions. Il est la base de ce manuel

Au Final, vous trouverez des témoignages de processus de libération que vous pourrez utiliser AMEN!

Je vous recommande de lire ce livre de libération plusieurs fois.

> Vous y découvrez les outils indispensables pour vous garder en bonne santé et exempts de démons.

1. TÉMOIGNAGE DE L'AUTEUR

J'avais besoin d'aide et je cherchais en vain quelqu'un qui pourrait prier pour moi en me libérant des attaques et oppressions spirituelles que je subissais. J'ai croisé des croyants en Jésus-Christ, qui pensaient vraiment pouvoir me venir en aide avec leurs prières mais hélas rien n'a changé. J'ai commencé à douter, je me suis posé beaucoup de questions dont celle-ci « Y'a t'il une personne qui peut vraiment m'aider ? Où est–elle ?« Et bien, tout a

> Y'a t'il une personne qui peut vraiment m'aider ? Où est–elle?

commencé, dans les années 90. A cette époque, je ne connaissais pas le Seigneur Jésus-Christ comme maintenant et comme je continue de le découvrir…

Les attaques et oppressions se sont accentuées, chaque fois elles se produisaient quand j'allais me coucher. Parfois, je sortais de mon corps, je volais au-dessus, d'autres fois, une force, une oppression me paralysait et ne me laissait faire aucun mouvement. Je ne savais plus quoi faire, j'étais terrifié. D'autres fois, je sentais quelqu'un qui se couchait à côté de moi, et tout cela TOUTES LES NUITS.

Je faisais des rêves si forts qu'ils me semblaient réels, à plusieurs reprises, j'ai eu des relations sexuelles avec des très belles femmes inconnues qui une fois tout près de mon visage se transformaient en cadavres. De peur que personne ne me croit, je n'en parlais pas et me suis donc habitué à ce « style de vie ». Pendant beaucoup de temps, j'ai lu la Bible pour me rassurer… et spécialement le Psaume 91!, Je me souviens que je m'endormais accroché à la Bible, et à d'autres moments, je la laissais ouverte dans mon lit, toujours sur les mêmes psaumes… J'ai continué à vivre comme cela pendant beaucoup d'années… pensant que je menais une vie normale.

Mais cette vie était pleine de péchés, de combats et de batailles perdues. C'est pour cela que j'ai consacré ma vie à mes affaires personnelles comme mes études, marchés financiers, projets, femmes, etc…J'ai consulté des sorcières et des voyantes j'y cherchais de l'aide pour améliorer mes conditions de vie.

1.1. LA MANIFESTATION DE JESUS-CHRIST

En 2002, je suis parti vivre dans le nord des Etats-Unis d'Amérique (USA), où je vis actuellement,. Trois mois après mon arrivée, un après-midi je me reposais, il était environs 15h00, je fermais les yeux mais était parfaitement conscient, lorsque dans ma chambre, j'ai senti une présence qui attirait mon attention.

Quand j'ai ouvert les yeux, j'ai vu une figure humaine, très blanche et resplendissante. Je voyais comme des rayons de lumière tant c'était lumineux. Je n'ai pas pu voir son visage. C'était si fort que j'ai eu peur et j'ai refermé les yeux. J'ai senti qu'il s'approchait et qu'il me déposait un plaid sur la poitrine. Je ne m'y attendais pas, je sentais que la présence avait disparue. Lorsque j'ai ouvert les yeux, il n'était plus là. Tout est rentré dans l'ordre, j'ai repris mes habitudes. Cette figure et cette présence que j'ai vu je ne l'ai jamais oubliée, c'était le même Seigneur qui s'est manifesté à moi. Quel honneur et privilège de la part du Seigneur ! J'ai immédiatement appelé ma mère et je lui ai dit « Mère j'ai vu Dieu ! J'ai vu Dieu !

Après cette rencontre surnaturelle, ma vie a continué normalement avec les attaques démoniaques et les oppressions.

L'année qui a suivi cette expérience surnaturelle du Seigneur Jésus Christ, J'ai eu une autre expérience surnaturelle, celle-ci qui a profondément touché ma vie comme seul Dieu peut le faire. J'ai pris conscience de ma vie de péchés. Et c'est avec l'aide du Saint-Esprit que j'ai eu la révélation du péché. Tout seul, je ne pouvais rien faire, j'ai donc pris la grande décision de confier toute ma vie au Seigneur Jésus-Christ, à partir de ce moment tout a changé. J'ai commencé une vie différente, guidée par le Saint-Esprit, j'ai rencontré l'église chrétienne des Amériques avec le Pasteur actuel Jorge Guttiérrez, pour connaitre davantage Dieu et son chemin c'était l'endroit parfait. Mais les attaques démoniaques ont continué, je ne comprenais pas pourquoi puisque j'avais tout donné à Jésus-Christ. Comment cela pouvait-il continuer ?

Mais ce que j'ignorais c'est que Dieu a le contrôle, c'est lui qui m'a amené vers la libération. Grâce à lui, j'ai commencé à me former et à m'entrainer en utilisant comme moyens toutes les activités que je faisais avec l'église. Dieu a commencé à m'utiliser pour des libérations et moi-même j'en étais surpris.

Les attaques démoniaques continuaient, mais au fur et à mesure j'en apprenais davantage sur sa présence, sur le chemin de Dieu et j'obéissais à la lettre à la parole de Dieu. C'est alors qu'on commencé à diminuer les attaques et oppressions démoniaques.

1.2. Auto-libération de l'oppression démoniaque

En Juin 2011, le Seigneur Jésus-Christ avait quelque chose de très grand et bon pour ma vie, il m'a changé de travail, et m'en a donné un nouveau que je n'aurais jamais imaginé POSSEDER. Travailler pour lui ! Il m'avait choisi pour le servir, pour faire partie de son équipe de travail, don son royaume et me charger de ses affaires ici sur terre évidemment avec le meilleur des chefs, le Seigneur comme mon grand chef quel privilège qu'il m'ai choisi ! C'est alors que j'ai commencé à travailler pour lui pour la libération et la guérison à temps complet.

> Mais ce que je ne savais pas c'est que c'est Dieu qui contrôle tout.

En même temps j'ai commencé à m'auto-libérer. Avec la seule autorité que Jésus m'a donné, j'ai pu me libérer des démons et aider les autres sans aucun obstacle. Maintenant, j'aide des personnes à travers le monde entier à se libérer des oppressions démoniaques en utilisant des caméras via le net, le téléphone ou les face à face.

Après toutes ces batailles et libérations, je peux dire que je suis complètement libre. Les démons sont partis, ils ont fuis. Toutes les attaques démoniaques, les combats, les oppressions n'existent plus! C'est ainsi qu'est né le Ministère de Libération et de Guérison Cristo Libera.

1.3. Servir JESUS

C'est pour cela chers lecteurs, qu'il faut que vous sachiez que le monde démoniaque est réel, qu'il existe et qu'il n'y a pas beaucoup d'aide dans le domaine. Aujourd'hui, le Ministère de Libération et de Guérison n'est pas reconnu dans toutes les églises. C'est pour cette raison, que je travaille à temps complet pour LE SEIGNEUR JESUS CHRIST et son Eglise, pour aider le peuple de Dieu avec le cadeau que j'ai reçu à travers le Saint-Esprit.

Frère en Christ, comme vous pouvez le voir, j'ai beaucoup d'expériences dont je peux vous parler avec énormément de détails. Il n'y a pas beaucoup d'aide dans ce domaine, ni dans la Libération et Guérison, c'est pour cette raison que le Seigneur m'a confié cette mission, pour que le peuple de Dieu soit libre et puisse profiter d'une communion avec Dieu.

> Christ m'a libéré complètement de ce qui me résistait.
>
> Ils ont fuis, se sont enfuis ¡

Auteor: Roger D. Muñoz

2. CINQ RAISONS POUR LESQUELLES CE LIVRE A ETE ELABORE

I. La majorité des chrétiens sont tenus par l'ennemi ou malades. Ils ne le savent pas ou ignorent comment être libres et sains

II. Chaque chrétien devrait savoir comment se libérer en mettant en pratique cette méthode.

III. Les églises chrétiennes, principalement, ne possèdent pas de guide pour libérer et guérir leurs membres, y compris les pasteurs.

IV. Il doit y avoir dans les églises des outils de libération et ce livre explique comment les créer.

V. Beaucoup ne savent pas utiliser internet, les ordinateurs ou ne possèdent pas de smartphones pour obtenir de l'aide. Soit les personnes vivent dans des endroits retirés où il n'y a pas de technologie comme internet, c'est pour cette raison qu'il est absolument nécessaire que ces personnes possèdent ce livre en version papier, et que ce dernier existe dans différentes langues.

La plupart de ces informations ont été obtenues au fil de nombreuses années d'expérience et d'étude, alors je vous demande de vous laisser guider par l'Esprit Saint, qui confirmera ces vérités. Ce livre a été élaboré de la façon la plus simple et compréhensible que l'on ait pu faire.

> *Chaque chrétien devrait savoir comment se libérer en mettant en pratique cette méthode.*

3. DIX PRINCIPES BIBLIQUES EXPLIQUANT POURQUOI ET COMMENT FAIRE LES LIBERATIONS.

Dans ce chapitre, en nous basant sur la Parole de Dieu, nous allons vous montrer pourquoi et comment réaliser les libérations.

I. C' est le même Jésus qui nous a donné le pouvoir et l'autorité de le faire.

Luc 9: 1-2

Jésus rassembla les douze [apôtres] et leur donna puissance et autorité pour chasser tous les démons et guérir les maladies.

Il les envoya proclamer le royaume de Dieu et guérir les malades. »

II. Chassez les démons fait partie des attributions et fonctions que Dieu nous a donné. Les démons nous sont soumis, mais sans ignorer et oublier la chose la plus importante: notre salvation; que nos noms soient écrits dans les cieux.

Luc: 10:20

Cependant, ne vous réjouissez pas de ce que les esprits vous sont soumis, mais réjouissez-vous de ce que vos noms sont inscrits dans le ciel.

III. Les apôtres ont continué à faire ce que Jésus leur avait enseigné, nous devons faire la même chose, en fait, nous le faisons déjà et vous aussi vous le ferez c'est un de nos objectifs, que vous lisiez ce livre de libération et que vous aussi vous aidiez les gens.

Actes 5 :16

Une foule de gens accouraient aussi des villes voisines vers Jérusalem ; ils amenaient des malades et des personnes tourmentées par des esprits impurs, et tous étaient guéris.

IV. Ce n'est pas nous qui libérons, nous sommes juste des outils, des intruments, c'est Jésus-Christ qui libère par le pouvoir du Saint-Esprit. La gloire lui revient toujours.

Romains 15 : 18-19

En effet, je n'oserais rien mentionner si Christ ne l'avait pas accompli par moi pour amener les non-Juifs à l'obéissance par la parole et par les actes,

par la puissance des signes et des prodiges et par la puissance de l'Esprit de Dieu. Ainsi, depuis Jérusalem et en rayonnant jusqu'en Illyrie, j'ai abondamment propagé l'Evangile de Christ.

V. Ce n'est pas contraire à la Bible de chercher des informations sur la personne qui sera libérée, Jésus l'a fait et IL est notre modèle.

Marc 9:21

Jésus demanda au père: « Depuis combien de temps cela lui arrive-t-il? » « Depuis son enfance, répondit-il

VI. Tous les démons sont expulsés immédiatement au Nom de Jésus, mais parfois certains ne veulent pas partir. C'est pour cela que l'on pose les questions suivantes: de quels droits restent-ils, demander les noms, combien sont-ils, etc., afin de tous les expulser.

Marc 5:6-10

Il vit Jésus de loin, accourut, se prosterna devant lui

et s'écria d'une voix forte : « Que me veux-tu, Jésus, Fils du Dieu très-haut ? Je t'en supplie au nom de Dieu, ne me tourmente pas. »

En effet, Jésus lui disait : « Sors de cet homme, esprit impur ! »

Il lui demanda: « Quel est ton nom? » « Mon nom est légion, car nous sommes nombreux », répondit-il.

.Et il le suppliait avec insistance de ne pas les envoyer hors du pays.

VII. La plupart des maladies sont causées par le péché, en désobéissant à la Parole de Dieu.

Jean 5:14

Quelque temps plus tard, Jésus le retrouva dans le temple et lui dit: « Te voilà guéri. Ne pèche plus, de peur qu'il ne t'arrive quelque chose de pire.

VIII. C'est rare qu'il n'y ai qu'un seul démon dans la personne, en général, il y en a plusieurs et c'est le chef que vous devez chercher avec stratégie pour vous amener à l'expulser avec tout son royaume démoniaque.

Marc 5: 9

Il lui demanda: « Quel est ton nom? » « Mon nom est légion, car nous sommes nombreux », répondit-il.

IX. Les Chrétiens qui peuvent avoir des démons, sont les seuls à pouvoir être libérés. Toutes les personnes que nous avons libéré sont chrétiennes. Celui qui n'est pas Chrétien, qui n'accepte pas Jésus comme son unique Seigneur et Sauveur, celui qui n'a pas la foi en Lui, ne peut pas être libéré. La libération est pour les enfants de Dieu. Le Pain est pour les enfants de Dieu.

Matthieu 15: 21-28

Jésus partit de là et se retira dans le territoire de Tyr et de Sidon.

Alors une femme cananéenne qui venait de cette région lui cria: « Aie pitié de moi, Seigneur, Fils de David! Ma fille est cruellement tourmentée par un démon. »

Il ne lui répondit pas un mot; ses disciples s'approchèrent et lui demandèrent: « Renvoie-la, car elle crie derrière nous. »

Il répondit: « Je n'ai été envoyé qu'aux brebis perdues de la communauté d'Israël. »

Mais elle vint se prosterner devant lui et dit : « Seigneur, secours-moi ! »

Il répondit: « Il n'est pas bien de prendre le pain des enfants et de le jeter aux petits chiens. »

« Oui, Seigneur, dit-elle, mais les petits chiens mangent les miettes qui tombent de la table de leurs maîtres. »

Alors Jésus lui dit: « Femme, ta foi est grande. Sois traitée conformément à ton désir. » A partir de ce moment, sa fille fut guérie.

X. Nous devons confesser nos péchés pour être pardonné et guéri, c'est la raison de ce questionnaire.

Jaques 5 : 16

Avouez-vous [donc] vos fautes les uns aux autres et priez les uns pour les autres afin d'être guéris. La prière du juste agit avec une grande force.

4. DIX EXIGENCES CLE POUR ETRE DELIVRE

I. **A**voir accepté le Christ: La libération est pour ceux qui reconnaissent Jésus comme leur Seigneur et Sauveur; C'est pour les chrétiens. La libération est pour les enfants de Dieu.

Marc 07:27 (RVR1960)

Jésus leur dit: « Laisse d'abord les enfants se rassasier; car il n'est pas bien de prendre le pain des enfants et de le jeter aux petits chiens. "

Si vous n'avez pas encore accepter Jésus comme votre Seigneur et Sauveur et que vous désirez le faire maintenant, s'il vous plait répétez cette prière:

Seigneur Jésus, tu es le fils de Dieu, venu mourir pour mes péchés sur la Croix du Calvaire, aujourd'hui je t'accepte comme mon unique Seigneur et Sauveur, pardonne-moi mes péchés, j'accepte ton pardon, écris mon nom dans le livre de la Vie, Esprit Saint vient dans mon coeur, dans ma vie et habite en moi. Merci Jésus-Christ, aujourd'hui je te consacre ma vie. Merci au nom du Père, du Fils et du Saint-Esprit, Amen.

II.Demander de l'aide: C'est la preuve que vous voulez être libre, quand vous prenez l'initiative de demander de l'aide.

III .Croire que vous serez libéré: Vous devez y croire, nombreux sont ceux qui doutent.

IV.Vouloir être libéré: Beaucoup ne le veulent pas.

V.Remplir un formulaire: Ceux sont des questions qui sont faites pour trouver d'éventuelles portes d'entrée aux démons.

VI.Suivre les étapes recommandées: Ayez confiance en ce que vous explique ce livre.

VII.Ne pas trouver à redire: Nombreux sont ceux qui croient en savoir plus que les autres.

VIII.Confesser et renoncer à ses péchés. Sans cela, il n'y a pas de libération.

IX. Croire qu'un chrétien peut avoir des démons. Si vous ne le croyez pas, vous ne pouvez pas être libre.

X.Définitivement ne plus être dans le péché. C'est une des raisons pour lesquelles une personne peut ne pas être libre, le diable a le droit légal d'être là.

5. CLE POUR LA LIBERATION

Passage de la confession, la repentance, la renonciation, le pardon, l'acceptation.

Cette étape est très importante car elle est la clé de votre libération. Après avoir rempli votre formulaire, prenez tranquillement chaque point de celui-ci et le confesser, et renoncer et demander à Jésus de vous pardonner.

Exemple: Mon Seigneur Jésus je confesse le péché de la pornographie, je me repens, je renonce au péché et je te demande de me pardonner au nom de Jésus; merci de me pardonner, je l'accepte. Démons de la pornographie et autres, je vous refuse, je ne vous accepte pas et je vous rejette au Nom de Jésus DEHORS DEHORS! AU NOM DE JESUS

Continue ainsi jusqu'à la fin des péchés, vous se sentirez déjà plus libre et plus léger.

Note importante. Si c'est une auto-libération, renoncer, demander pardon et chasser les démons au nom de Jésus immédiatement après chaque confession de péché, continuez comme ça au fur et au mesure. Par contre si vous le faites à quelqu'un d'autre, attendez d'abord que la personne renonce à tous ses péchés et demande pardon pour chacun d'eux, ceci afin de vous concentrer uniquement sur leur expulsion, et ainsi aucun démon n'a le droit légal de rester.

6. PROBLEMATIQUE ET SOLUTION DES PECHES ET MALEDICTIONS.

6.1. Origine

La Malédiction et les problèmes ont commencé depuis le début de la création, quand Adam et Eve ont péché, n'oubliez pas que les malédictions sont les fruits du péché.

Genèse 3: 16-19

Il dit à la femme: « J'augmenterai la souffrance de tes grossesses. C'est dans la douleur que tu mettras des enfants au monde. Tes désirs se porteront vers ton mari, mais lui, il dominera sur toi. »

Il dit à l'homme: « Puisque tu as écouté ta femme et mangé du fruit au sujet duquel je t'avais donné cet ordre: 'Tu n'en mangeras pas', le sol est maudit à cause de toi. C'est avec peine que tu en tireras ta nourriture tous les jours de ta vie.

Il te produira des ronces et des chardons, et tu mangeras de l'herbe des champs.

C'est à la sueur de ton visage que tu mangeras du pain, et ce jusqu'à ce que tu retournes à la terre, puisque c'est d'elle que tu as été tiré. Oui, tu es poussière et tu retourneras à la poussière.

Nous pouvons voir que dans la Bible le péché a été synonyme de catastrophes, de ruines, de morts, pas seulement pour la personne qui a commis le péché, mais aussi tout autour de lui.

On peut voir en Deutéronome 27,28 qu' il y a une liste de maladies et de catastrophes causées par le péché et la désobéissance à la Parole de Dieu. Le plus triste c' est que ces malédictions se transmettent de génération en génération, jusqu'à la quatrième mais aussi jusqu'à la dixième. Maintenant ajoute les malédictions pour ses propres péchés.

Cependant, il existe aujourd'hui de nombreuses maladies, dont la plupart sont des conséquences de la désobéissance à la Parole de Dieu par le péché. Elles sont d'origine spirituelle.

Dans ce ministère on a guéri beaucoup de personnes grâce à la libération des démons, comme le diabète, la dépression, l'homosexualité, etc., ils n'étaient que la conséquences du péché.

Jean 10:10 a

Le voleur ne vient que pour voler, égorger et détruire…

6.2 Problématique

Le monde était totalement perdu parce que nous sommes tous pécheurs, nous étions condamnés, parce que la conséquence du péché c'est la mort et la souffrance.

Hébreux 9:22

Or, d'après la loi, presque tout est purifié avec du sang et, s'il n'y a pas de sang versé, il n'y a pas de pardon.

Romains 3: 23-26

Tous ont péché et sont privés de la gloire de Dieu,

et ils sont gratuitement déclarés justes par sa grâce, par le moyen de la libération qui se trouve en Jésus-Christ.

C'est lui que Dieu a destiné à être par son sang une victime expiatoire pour ceux qui croiraient. Il démontre ainsi sa justice, puisqu'il avait laissé impunis les péchés commis auparavant, à l'époque de sa patience.

Il la démontre dans le temps présent de manière à être juste tout en déclarant juste celui qui a la foi en Jésus.

6.3. Solution.

Jésus-Christ C'est la solution !

Jean 10:10 b

Moi, je suis venu afin que les brebis aient la vie et qu'elles l'aient en abondance.

1 jean 3:8 b… Or, c'est pour détruire les œuvres du diable que le Fils de Dieu est apparu.

6.3.1. À propos de malédictions

Il nous a rachetés de la malédiction, Il à déjà payé pour nous dans la Croix, et nous ne sommes pas coupables des malédictions de nos ancêtres ni des nôtres.

Galates 3:13

Christ nous a rachetés de la malédiction de la loi en devenant malédiction pour nous, puisqu'il est écrit: Tout homme pendu au bois est maudit.

6.3.2. A propos des péchés

1 Jean 1:7

Mais si nous marchons dans la lumière, tout comme Dieu lui-même est dans la lumière, nous sommes en communion les uns avec les autres et le sang de Jésus-Christ son Fils nous purifie de tout péché.

Jean 1:29

Le lendemain, il vit Jésus s'approcher de lui et dit: « Voici l'Agneau de Dieu qui enlève le péché du monde.

Colossiens 2:13-15

Vous qui étiez morts en raison de vos fautes et de l'incirconcision de votre corps, il vous a rendus à la vie avec lui. Il nous a pardonné toutes nos fautes, il a effacé l'acte rédigé contre nous qui nous condamnait par ses prescriptions, et il l'a annulé en le clouant à la croix.

Il a ainsi dépouillé les dominations et les autorités et les a données publiquement en spectacle en triomphant d'elles par la croix.

1 Jean 2:1-2

Mes petits enfants, je vous écris cela afin que vous ne péchiez pas. Mais si quelqu'un a péché, nous avons un défenseur auprès du Père, Jésus-Christ le juste.

Il est lui-même la victime expiatoire pour nos péchés, et non seulement pour les nôtres, mais aussi pour ceux du monde entier.

Apocalypse 1:5

Et de la part de Jésus-Christ, le témoin fidèle, le premier-né d'entre les morts et le chef des rois de la terre! A celui qui nous aime, qui nous a lavés de nos péchés par son sang

6.3.3. A propos des pactes

Matthieu 26:28

Car ceci est mon sang, le sang de la [nouvelle] alliance, qui est versé pour beaucoup, pour le pardon des péchés.

6.3.4. A propos des iniquités.

Tite 2:14

Il s'est donné lui-même pour nous afin de nous racheter de toute faute et de se faire un peuple qui lui appartienne, purifié et zélé pour de belles œuvres.

Esaïe 53:11

Après tant de trouble, il verra la lumière et sera satisfait. Par sa connaissance, mon serviteur juste procurera la justice à beaucoup d'hommes; c'est lui qui portera leurs fautes.

6.3.5. Sur les maladies et les souffrances.

Esaïe 53:3

Méprisé et délaissé par les hommes, homme de douleur, habitué à la souffrance, il était pareil à celui face auquel on détourne la tête: nous l'avons méprisé, nous n'avons fait aucun cas de lui.

Pourtant, *ce sont nos souffrances qu'il a portées, c'est de nos douleurs qu'il s'est chargé. Et nous, nous l'avons considéré comme puni, frappé par Dieu et humilié.

Mais lui, il était blessé à cause de nos transgressions, brisé à cause de nos fautes: la punition qui nous donne la paix est tombée sur lui, et *c'est par ses blessures que nous sommes guéris.

Nous étions tous comme des brebis égarées: chacun suivait sa propre voie, et l'Eternel a fait retomber sur lui nos fautes à tous.

Il a été maltraité, il s'est humilié et n'a pas ouvert la bouche. *Pareil à un agneau qu'on mène à l'abattoir, à une brebis muette devant ceux qui la tondent, il n'a pas ouvert la bouche.

Il a été enlevé sous la contrainte et sous le jugement, et dans sa génération qui s'est inquiété de son sort? Qui s'est soucié de ce qu'il était exclu de la terre des vivants, frappé à cause de la révolte de mon peuple?

On a mis son tombeau parmi les méchants, sa tombe avec le riche, alors qu'il *n'avait pas commis de violence et qu'il n'y avait pas eu de tromperie dans sa bouche.

L'Eternel a voulu le briser par la souffrance. Si tu fais de sa vie un sacrifice de culpabilité, il verra une descendance et vivra longtemps, et la volonté de l'Eternel sera accomplie par son intermédiaire.

Après tant de trouble, il verra la lumière et sera satisfait. Par sa connaissance, mon serviteur juste procurera la justice à beaucoup d'hommes; c'est lui qui portera leurs fautes.

Voilà pourquoi je lui donnerai sa part au milieu de beaucoup et il partagera le butin avec les puissants: parce qu'il s'est dépouillé lui-même jusqu'à la mort et qu'il *a été compté parmi les criminels, parce qu'il a porté le péché de beaucoup d'hommes et qu'il est intervenu en faveur des coupables.

Esaïe 49:7

Voici ce que dit l'Eternel, le Saint d'Israël, celui qui le rachète, à l'homme qu'on méprise, qui fait horreur à la nation, à l'esclave des tyrans: « A ta vue, des rois se lèveront, des princes se prosterneront à cause de l'Eternel, qui est fidèle, du Saint d'Israël, qui t'a choisi.

Esaïe 50:6

J'ai présenté mon dos à ceux qui me frappaient et mes joues à ceux qui m'arrachaient la barbe, je n'ai pas caché mon visage aux insultes et aux crachats.

Psaumes 22 :6-8

Ils criaient à toi, et ils étaient sauvés ; ils se confiaient en toi, et ils n'étaient pas déçus.

Mais moi, je suis un ver et non un homme, la honte de l'humanité, celui que le peuple méprise.

Tous ceux qui me voient se moquent de moi, ils ricanent, ils hochent la tête

Psaumes 69:20-21

Tu sais qu'on m'insulte, qu'on me déshonore, qu'on me couvre de honte; tous mes adversaires sont devant toi.

L'insulte me brise le cœur, et je suis anéanti; j'attends de la pitié, mais il n'y en a pas, des consolateurs, et je n'en trouve aucun.

Matthieu 26 :67

Là-dessus, ils lui crachèrent au visage et le frappèrent à coups de poing ; certains lui donnaient des gifles

Matthieu 27 :39

Les passants l'insultaient et secouaient la tête

Marc 9 :12

Il leur répondit : « Elie doit venir d'abord pour rétablir toutes choses. Et pourquoi est-il écrit, à propos du Fils de l'homme, qu'il doit souffrir beaucoup et être méprisé ?

Hébreux 12:2

Faisons-le en gardant les regards sur Jésus, qui fait naître la foi et la mène à la perfection. En échange de la joie qui lui était réservée, il a souffert la croix en méprisant la honte qui s'y attachait et il s'est assis à la droite du trône de Dieu.

Marc 15:19

Ils lui frappaient la tête avec un roseau, crachaient sur lui et se mettaient à genoux pour se prosterner devant lui.

Luc 8:53

Ils se moquaient de lui, sachant qu'elle était morte.

Luc 9:22

Il ajouta qu'il fallait que le Fils de l'homme souffre beaucoup, qu'il soit rejeté par les anciens, par les chefs des prêtres et par les spécialistes de la loi, qu'il soit mis à mort et qu'il ressuscite le troisième jour.

Luc 16:14

En entendant tout cela, les pharisiens qui aimaient l'argent se moquaient de lui.

Psaumes 69:29

Qu'ils soient effacés du livre de vie et ne soient pas inscrits avec les justes !

Matthieu 26:37

Il prit avec lui Pierre et les deux fils de Zébédée et il commença à être saisi de tristesse et d'angoisse.

Marc 14:34

Il leur dit: « Mon âme est triste à en mourir; restez ici, éveillés. »

Hébreux 2:15

Et libérer tous ceux que la peur de la mort retenait leur vie durant dans l'esclavage.

Hébreux 4:15

En effet, nous n'avons pas un grand-prêtre incapable de compatir à nos faiblesses; au contraire, il a été tenté en tout point comme nous, mais sans commettre de péché.

Hébreux 5:7

Pendant sa vie terrestre, Christ a présenté avec de grands cris et avec larmes des prières et des supplications à celui qui pouvait le sauver de la mort, et il a été exaucé à cause de sa piété.

Zacharie 11:13

L'Eternel m'a dit: « Jette-le au potier, *ce prix magnifique auquel ils m'ont estimé ! » J'ai donc pris les 30 pièces d'argent et je les ai jetées dans la maison de l'Eternel pour le potier.

Matthieu 27:9-10

Alors s'accomplit ce que le prophète Jérémie avait annoncé: Ils ont pris les 30 pièces d'argent, la valeur à laquelle il a été estimé par les Israélites,et ils les ont données pour le champ du potier, comme le Seigneur me l'avait ordonné.

Actes 3: 13-15

Le Dieu d'Abraham, d'Isaac et de Jacob, le Dieu de nos ancêtres, a révélé la gloire de son serviteur Jésus, celui que vous avez fait arrêter et renié devant Pilate qui était, lui, d'avis de le relâcher.

Mais vous, vous avez renié celui qui était saint et juste et vous avez demandé qu'on vous accorde la grâce d'un meurtrier.

Vous avez fait mourir le Prince de la vie que Dieu a ressuscité, nous en sommes témoins.

INCROYABLE CE QUE JÉSUS A FAIT!

Jésus a tout supporté, tout ce que nous méritions par nos péchés, Il a tout subit dans la croix, son Saint Sang fût versé et il mourut. Jésus a entièrement payé notre dette.

Mais en ce qui concerne les êtres spirituels du mal, ils le savent, ils savent ce que Jésus a fait, ils savent qu'ils n'ont aucun droit et doivent partir, ils sont vaincus. (On doit leur rappeler).

Colossiens 2:14

IL a effacé l'acte rédigé contre nous qui nous condamnait par ses prescriptions, et il l'a annulé en le clouant à la croix. Il a ainsi dépouillé les dominations et les autorités et les a données publiquement en spectacle en triomphant d'elles par la croix.

MAIS...! LES DEMONS RESTENT CACHÉS

Mais voici la vérité, ils restent cachés, ne partent pas, nous devons les expulser, c' est notre travail, c' est la raison de ce livre, vous donner les outils pour le faire.

Nous sommes divisés en trois parties, esprit, âme et corps. Ils habitent notre âme et notre corps.

Il est de notre devoir en tant que chrétiens, de les expulser, voici ce livre, où vous découvrirez les outils que nous utilisons dans notre ministère de libération et guérison. Vous pouvez l'utiliser pour vous-même, votre famille, la congrégation. Tout pour la gloire de notre Seigneur Jésus-Christ, à qui appartiennent l'honneur et la gloire et la puissance pour les siècles des siècles, Amen!

7. CONFÉRENCE DE LIBÉRATION AU MINNESOTA, USA

Cette conférence a eu lieu en 2014.

Il semble incroyable! Mais il y a des pasteurs qui s' opposent à la libération, si Jésus l'a fait, les apôtres l' ont fait, si Jésus a donné l'ordre, Alors pourquoi ils ne le font pas! ERREUR ils sont en train de pécher contre Dieu.

Luc 4:18-19

L'Esprit du Seigneur est sur moi, parce qu'il m'a consacré par onction pour annoncer la bonne nouvelle aux pauvres; il m'a envoyé [pour guérir ceux qui ont le cœur brisé, pour proclamer aux prisonniers la délivrance et aux aveugles le recouvrement de la vue, pour renvoyer libres les opprimés, pour proclamer une année de grâce du Seigneur.

C' était la mission que Jésus avait sur la terre. En effet, le Fils de Dieu est venu pour détruire les œuvres du diable.

Quand Jésus se réfère aux pauvres il le fait à niveau spirituel, mais également à ceux qui sont court d'argent. Frère, nous étions spirituellement en faillite et Il est venu nous donner les bonnes nouvelles : l'Evangile.

Combien de personnes ont le cœur brisé? Cher lecteur, j'étais l'un d'entre eux. Les gens sont maltraités, rejetés, humiliés, endommagés. Jésus est venu pour ces personnes et donné la liberté aux captifs, « sous Satan nous sommes captifs ».

Jésus dit: «Comme le Père m'a envoyé, moi aussi je vous envoie." Ce message est le même pour nous tous.

Matthieu 28 : 18-20

Jésus s'approcha et leur dit : « Tout pouvoir m'a été donné dans le ciel et sur la terre.

Allez [donc], faites de toutes les nations des disciples, baptisez-les au nom du Père, du Fils et du Saint-Esprit

et enseignez-leur à mettre en pratique tout ce que je vous ai prescrit. Et moi, je suis avec vous tous les jours, jusqu'à la fin du monde. » Amen.

Il parle du baptême au nom du Père, du Fils et du Saint-Esprit. Quand il y a confusion dans l'un d'eux il y a des problèmes. Le Roi des rois nous dit clairement: Au nom du Père, du Fils et du Saint Esprit. Amen. J' insiste sur cela maintenant, parce qu'il y a des frères qui n' ont pas été libérés, et ce que j ai trouvé de commun en eux, c'est qu'ils ne croient pas en la Trinité, il y a eu environ six personnes provenant de différentes parties du monde qui ont demandé la libération et ne l'ont pas obtenue, en effet, les démons sont restés silencieux, et je pense que c' est la raison.

Savez-vous pourquoi? Parce que les démons connaissent très bien la Parole de Dieu, et ils savent qui a raison et qui a tort dans la doctrine (croyances respect à Dieu)

Luc 9:1

Jésus rassembla les douze [apôtres] et leur donna puissance et autorité pour chasser tous les démons et guérir les maladies.

Vous m'avez compris? Jésus les envoya prêcher le royaume de Dieu, guérir les malades et chasser les démons. Proclamer l'Évangile. Jésus a envoyé les dissiples.

Matthieu 10:5-8

Ce sont les douze que Jésus envoya, après leur avoir donné les instructions suivantes: « N'allez pas vers les non-Juifs et n'entrez pas dans les villes des Samaritains.

Allez plutôt vers les brebis perdues de la communauté d'Israël.

En chemin, prêchez en disant: 'Le royaume des cieux est proche.'

Guérissez les malades, [ressuscitez les morts,] purifiez les lépreux, chassez les démons. Vous avez reçu gratuitement, donnez gratuitement.

Jésus est très clair. Donc, si vous avez besoin d'être libéré, aller voir votre pasteur, et montrez-lui que d'après les principes bibliques la libération la libération est un commandement de Dieu. S'il vous le refuse, c'est qu'il a peut-être lui aussi besoin d'être libéré.

Marc 6:7, 12,13

Alors il appela les douze et commença à les envoyer deux à deux, et il leur donna autorité sur les esprits impurs.

Ils partirent et prêchèrent en appelant chacun à changer d'attitude.Ils chassaient beaucoup de démons, appliquaient de l'huile à beaucoup de malades et les guérissaient.

La Parole de Dieu est claire, il a dit de faire cela tout le temps. Alléluia!.

Luc 9:37-42

Le lendemain, lorsqu'ils furent descendus de la montagne, une grande foule vint à la rencontre de Jésus.

Alors, du milieu de la foule, un homme s'écria: « Maître, je t'en prie, jette les regards sur mon fils, car c'est mon fils unique.

Un esprit s'empare de lui et tout à coup il pousse des cris ; l'esprit le secoue violemment, le fait écumer et le quitte à grand-peine, après l'avoir tout brisé.

J'ai prié tes disciples de le chasser et ils n'ont pas pu. »

« Génération incrédule et perverse, répondit Jésus, jusqu'à quand serai-je avec vous et devrai-je vous supporter ? Amène ton fils ici. »

Tandis que l'enfant s'approchait, le démon le jeta par terre et le secoua violemment, mais Jésus menaça l'esprit impur, guérit l'enfant et le rendit à son père.

Certaines personnes disent qu'il ne faut pas poser de question aux personnes ni aux démons, il y a des choses que nous ne pouvons pas faire, parce que c'est le Saint-Esprit qui le fait pour nous. Amen. Mais ce que l'on cherche ce sont les péchés qui ont permis aux démons d'entrer et combien ils sont.

Si vous par exemple, avez été violée dans votre enfance, il y a certainement de démons.

À une occasion, Jésus demanda depuis quand ce garçon est-il comme ça ? Et le père a répondu: Depuis qu'il est enfant.

Jésus a guéri le garçon. Dans ce cas, Jésus explique à ses disciples comment chasser les démons, en fait, ils apprenaient avec Jésus. Et il nous l'enseigne aussi. La prière, le jeûne et la foi sont la clé, alors je m'adresse aux incrédules: Vous devez croire pour libérer et 'être libéré. Amen. Sans la foi il est impossible de plaire à Dieu.

Dans Actes 1: Puisque Jésus est mort et ressuscité. Il a dit à ses disciples:

Actes 1 :8

Mais vous recevrez une puissance lorsque le Saint-Esprit viendra sur vous, et vous serez mes témoins à Jérusalem, dans toute la Judée, dans la Samarie et jusqu'aux extrémités de la terre. »

Jésus dit que nous recevons le pouvoir lorsque le Saint-Esprit

Vient. Lorsqu'on est chrétien on reçoit en nousle Saint-Esprit et on a donc ce pouvoir. Mais ne pas l'utiliser, c' est comme si nous ne l' avions pas. C'est comme si vous aviez de l'argent et que vous ne l'utilisiez pas. Utilisez-le! Le pouvoir est en nous par le Saint-Esprit.

Actes 5 :16

Une foule de gens accouraient aussi des villes voisines vers Jérusalem ; ils amenaient des malades et des personnes tourmentées par des esprits impurs, et tous étaient guéris.

Ici ce sont les disciples qui font ce travail.

Actes 8 :6-8

Les foules tout entières étaient attentives à ce que disait Philippe, lorsqu'elles apprirent et virent les signes miraculeux qu'il accomplissait.

En effet, des esprits impurs sortaient de beaucoup de démoniaques en poussant de grands cris et beaucoup de paralysés et de boiteux étaient guéris.

Il y eut une grande joie dans cette ville.

Pourquoi y'a t'il eu une grande joie dans la ville? Parce qu'ils ont tous été guéris.

Pourquoi les gens viennent-ils? Parce qu'il y a eu des signes et des prodiges.

Et Beaucoup d'entre eux sont venus parce qu'ils avaient des esprits malins.

Luc 13 : 10-17

Jésus enseignait dans une des synagogues, le jour du sabbat.

Or il y avait là une femme habitée par un esprit qui la rendait infirme depuis 18 ans ; elle était courbée et ne pouvait pas du tout se redresser.

Lorsqu'il la vit, Jésus lui adressa la parole et lui dit : « Femme, tu es délivrée de ton infirmité. »

Il posa les mains sur elle ; immédiatement elle se redressa, et elle se mit à célébrer la gloire de Dieu.

Mais le chef de la synagogue, indigné de ce que Jésus avait fait une guérison un jour de sabbat, dit à la foule : « Il y a six jours pour travailler, venez donc vous faire guérir ces jours-là et non pas le jour du sabbat. »

Le Seigneur lui répondit en ces termes : « Hypocrites ! Le jour du sabbat, chacun de vous ne détache-t-il pas son bœuf ou son âne de la mangeoire pour le mener boire ?

Et cette femme, qui est une fille d'Abraham et que Satan tenait attachée depuis 18 ans, ne fallait-il pas la délivrer de cette chaîne le jour du sabbat ? »

Ces paroles remplirent de honte tous ses adversaires, et la foule entière se réjouissait de toutes les merveilles qu'il faisait.

Voilà un enseignement; il y avait une femme bossue depuis 18 années avec l'esprit de maladie. Je me demande pendant combien années cette femme a écouté différents sermons ? . Personne n'avait fait quoi que ce soit pour sa guérison ! Et Jésus l'a guérit en chassant les démons.

Jésus-Christ est le même hier, aujourd'hui et éternellement!

La foi de la Cananéenne (syro phénicienne)

Matthieu 15 :21-28

Jésus partit de là et se retira dans le territoire de Tyr et de Sidon.

Alors une femme cananéenne qui venait de cette région lui cria : « Aie pitié de moi, Seigneur, Fils de David ! Ma fille est cruellement tourmentée par un démon. »

Il ne lui répondit pas un mot ; ses disciples s'approchèrent et lui demandèrent : « Renvoie-la, car elle crie derrière nous. »

Il répondit : « Je n'ai été envoyé qu'aux brebis perdues de la communauté d'Israël. »

Mais elle vint se prosterner devant lui et dit : « Seigneur, secours-moi ! »

Il répondit : « Il n'est pas bien de prendre le pain des enfants et de le jeter aux petits chiens. »

« Oui, Seigneur, dit-elle, mais les petits chiens mangent les miettes qui tombent de la table de leurs maîtres. »

Alors Jésus lui dit : « Femme, ta foi est grande. Sois traitée conformément à ton désir. » A partir de ce moment, sa fille fut guéri.

La femme était étrangère mais quand elle s'inclina humblement devant le Seigneur, tout a changé. C'est la clé! La libération est pour ceux qui croient, ceux qui ont la foi. La personne qui est possédé et n'a aucune foi ne peut pas être libérée. C'est seulement pour les enfants de Dieu.

Le démoniaque Gadarene

Matthieu 8 :28-34 ; Marc 5 :1-20

Lorsqu'il fut arrivé sur l'autre rive, dans le pays des Gadaréniens, deux démoniaques qui sortaient des tombeaux vinrent à sa rencontre. Ils étaient si dangereux que personne n'osait passer par là.

Et voilà qu'ils se mirent à crier : « Que nous veux-tu, [Jésus,] Fils de Dieu ? Es-tu venu ici pour nous tourmenter avant le moment fixé ? »

Il y avait loin d'eux un grand troupeau de porcs en train de chercher à manger.

Les démons suppliaient Jésus : « Si tu nous chasses, permets-nous d'aller dans ce troupeau de porcs. »

« Allez-y ! » leur dit-il. Ils sortirent des deux hommes et entrèrent dans les porcs. Alors tout le troupeau se précipita du haut de la falaise dans le lac, et ils moururent dans l'eau.

Les gardiens du troupeau s'enfuirent et allèrent dans la ville rapporter tout ce qui s'était passé et ce qui était arrivé aux démoniaques.

Alors tous les habitants de la ville sortirent à la rencontre de Jésus et, dès qu'ils le virent, ils le supplièrent de quitter leur territoire.

Ils arrivèrent sur l'autre rive du lac, dans le pays des Gadaréniens.

Dès que Jésus fut hors de la barque, un homme vint à sa rencontre ; il sortait des tombeaux et il était animé par un esprit impur.

Cet homme habitait dans les tombeaux, et personne ne pouvait plus l'attacher, même avec une chaîne.

En effet, souvent on l'avait attaché avec des fers aux pieds et des chaînes, mais il avait cassé les chaînes et brisé les fers, et personne n'avait la force de le maîtriser.

Il était sans cesse, nuit et jour, dans les tombeaux et sur les montagnes ; il criait et se blessait lui-même avec des pierres.

Il vit Jésus de loin, accourut, se prosterna devant lui

et s'écria d'une voix forte : « Que me veux-tu, Jésus, Fils du Dieu très-haut ? Je t'en supplie au nom de Dieu, ne me tourmente pas. »

En effet, Jésus lui disait : « Sors de cet homme, esprit impur ! »

Il lui demanda: « Quel est ton nom? » « Mon nom est légion, car nous sommes nombreux », répondit-il.

Et il le suppliait avec insistance de ne pas les envoyer hors du pays.

Il y avait là, vers la montagne, un grand troupeau de porcs en train de chercher à manger.

Tous les démons le supplièrent: « Envoie-nous dans ces porcs afin que nous entrions en eux. »

Il le leur permit [aussitôt]. Les esprits impurs sortirent de l'homme, entrèrent dans les porcs, et le troupeau se précipita du haut de la falaise dans le lac ; il y avait environ 2000 porcs, et ils se noyèrent dans le lac.

Les gardiens du troupeau s'enfuirent et allèrent le raconter dans la ville et dans les campagnes. Les gens allèrent voir ce qui était arrivé.

Ils vinrent vers Jésus et virent le démoniaque, celui qui avait eu la légion de démons, assis, habillé et dans son bon sens ; et ils furent saisis de frayeur.

Ceux qui avaient été témoins de la scène leur racontèrent ce qui était arrivé au démoniaque et aux porcs.

Alors ils se mirent à supplier Jésus de quitter leur territoire.

Comme il montait dans la barque, celui qui avait été démoniaque le suppliait, demandant à l'accompagner.

Jésus ne le lui permit pas mais lui dit : « Va dans ta maison, vers les tiens, et raconte-leur tout ce que le Seigneur a fait pour toi, comment il a eu pitié de toi. »

Il s'en alla et se mit à proclamer dans la Décapole tout ce que Jésus avait fait pour lui. Et tous étaient dans l'étonnement.

Ce dernier passage nous montre les choses que l'on doit faire, dire à tout le monde : toutes les merveilles que Jésus fait aujour'hui.

Le démon vécu dans l'être humain, personne ne pouvait le dompter, seulement l'Esprit de Dieu qui est en nous. Les démons reconnaissent en Jésus le Fils de Dieu ; ils courent, s'agenouillent, connaissent l'autorité, et lui obéisent.

Ils savent qui nous sommes et connaissent notre autorité en Jésus-Christ.

Les démons ne veulent pas aller dans l'abîme, ils sont à la recherche de corps. Ils sont tourmentés quand ils sont chassés;

Lorsqu' ils entrent dans une personne, elle est tourmentée et eux sont en paix, mais quand ils sont chassés, ils sont tourmentés et la personne retrouve la paix.

Vous êtes ici pour apprendre la libération, pour le faire aux autres et à vous-mêmes et l'utiliser dans votre Église. Il faut toujours se diriger vers les démons du plus haut rang. Ceci est très important, car dans certaines libérations sortent peu de démons et les plus importants restent cachés et silencieux. Et les personnes ne sont pas totalement libres.

C'est pour cela qu'il faut toujours trouver le leader des démons ainsi lorsque vous le chasserez, il partira avec tout son régiment.

Ils sont très nombreux, réfléchissent et négocient, ils prennent des décisions mais respectent l'autorité. C'est pour cette raison que vous devez toujours vous adressez à eux Au Nom De Jésus.

C'est fondamental que les chrétiens qui libèrent, suivent du plus près la parole de Dieu.

Des démons peuvent se trouver en nous depuis plusieurs générations, ils peuvent aussi résider dans les animaux. Ils sont là car il y a des péchés qui ont ouvert des portes.

Il faut s'écarter du péché par exemple de la pornographie, des films d'horreur etc.... 80 à 90 % des maladies sont d'origines démoniaques.

7.1. Qu'est-ce que la libération?

C'est vous apporter la paix en chassant les démons qui résident en vous et les envoyer aux abîmes.

Pourquoi les démons peuvent venir en nous? C'est très simple, il y a eu ou il y a encore des portes ouvertes. Chaque porte ouverte donne le droit légal aux démons d'entrer, et le péché est une des principales causes de ces ouvertures. Les démons ont pour mission: de voler, tuer et détruire! C'est pour cette raison que nous devons absolument et constamment rejeter les péchés en évitant par exemple de regarder des films malsains (pornographie, épouvante, meurtre etc…). Le problème ce n'est pas le démon mais le péché!!

La Libération, c'est le cheminement pour vous amener à faire la paix avec Dieu, avec vous-mêmes et avec les autres… Les trois étapes sont la confession (en vous remémorant tous vous péchés conscients et inconscients) depuis votre plus petite enfance) , le regret et le pardon.

Après ces trois étapes, les démons n'ont plus aucun droit légal de rester et on peut les chasser. Il est important de vous pardonner à vous aussi (par exemple les avortements, les divorces etc…).

De nos jours, les gens désertent les églises et beaucoup de ceux qui les fréquentent sont hypocrites. C'est pour cela que si l'on est réellement croyant, on doit faire la paix avec avec Dieu, les autres et nous-mêmes ! Avant, lorsque j'étais chef d'entreprise, un de mes clients avait beaucoup de mal à me payer… Jusqu'à partir en me laissant une grosse dette. J'ai retrouvé cet homme en Colombie un jour, et il était fier de me dire qu'il avait changé… Qu'il était Pasteur… Mais j'ai pensé si vraiment tu as changé, que tu es Pasteur, tu pourrais au moins t'excuser pour la dette que tu m'as laissé et essayer de me rembourser…

Même moi, à cause de ma vie passée j'avais un démon caché celui de la luxure. Lequel est parti grâce à Dieu il n'y a pas très longtemps. J'ai à ce péché, j'ai demandé pardon à Dieu et il m'a libéré.

La pornographie amène à la masturbation. Le fait de regarder des choses d'horreur (films, attractions etc…) ouvre une porte aux démons. Idem avec ce que l'on écoute.

Uniquement au Nom de Jésus, on peut chasser les démons.

En Marc16:17 Voici les signes qui accompagneront ceux qui auront cru : en mon nom, ils pourront chasser les démons, parler de nouvelles langues.

Si vous êtes chrétiens, dites –moi combien de démons vous avez chasser?

Quand la personne décède, le démon abandonne le corps. Il occupe uniquement un corps en vie, il quitte alors celui-ci et en cherche un autre vivant. Oui les démons cherchent la tranquilité dans un corps qu'ils pourront tourmenter. Vous comprenez frères? Seulement au Nom de Jésus, ils peuvent sortir et seulement en son nom, dit la Parole de Dieu. Les démons connaissent l'autorité et la respectent, ils savent ce qui est écrit. Une caractéristique des croyants est qu'il y a des signes, et les signes de Jésus ils doivent les suivre. L'Esprit Saint de Dieu habite en nous. Nous sommes esprit, âme et corps. Les démons cherchent à habiter dans un corps, ils n'en ont pas, ils ne sont que des esprits. Nous qui appartenons à Dieu, en étant chrétiens, nous sommes les seuls à pouvoir être exempts de démons.

Il est nécessaire de laisser l'orgueil de côté et se faire libérer. Quand un pasteur m'invite dans son église, je lui demande d'abord de se faire libérer lui, sa femme, ses enfants, ses fidèles, et que le pasteur soit toujours à mes côtés pour apprendre.

Jésus-Christ nous voulons que ta parole règne dans notre vie, libres de tout démon, de tout maladie, libre des tourments pour la Gloire et l'Honneur de Jésus de Nazareth. Amen Alléluia

RECOMMANDATIONS

Si vous ne changez pas de ligne de conduite, vous continuer de permettre aux démons la destruction de votre vie.

Il est capital de mettre votre orgueil de côté pour être libéré.

Les démons reconnaissent l'autorité et l'acceptent, ils savent que c'est écrit dans la Bible.

Uniquement au Nom de Jésus vous pouvez chasser les démons.

Ils existent des personnes dans l'église qui n'ont pas pu être libérées et le point commun que j'ai pu trouver entre elles c'est qu'elles ne croient pas en la Sainte Trinité.

Guérissez les maladies, chassez les démons, vous avez reçu gratuitement, donnez gratuitement… Mathieu 10.8

Le Fils de Dieu est venu pour détruire les œuvres de Satan.

8. CONFÉRENCE DE PRESSE A QUELQUES LEADERS EN CALIFORNIE.

Les informations suivantes correspondent à une séance de presse donnée à certains dirigeants dans un de mes séminaires en Californie. Vous pouvez l'utiliser comme modèle pour vous même, famille, groupe ou église. L'intégralité de la vidéo a été transcrite ainsi que les autres conférences.

Note: Lisez ceci plusieurs fois et adaptez-le. C'est le but.

8.1. Introduction à la libération massive.

Roger : D' abord, il est très important d'être en paix avec Dieu, avec les autres et avec soi-même.

Après avoir fait notre prière de confession, de renonciation et de nous être séparer du péché, l'étape suivante est : chasser les démons parce que nous avons déjà annulé leur droit légal. Rappelez vous que le problème c'est le péché.

Vous serez libre au Nom de Jésus-Christ et vous devez maintenir cette libération.

Vous ne devez pas commettre les mêmes erreurs que vous faisiez avant. Vous devez être très prudent avec ce que vous regardez à la télévision et sur internet. Soyez très prudent avec les informations, il faut être très vigilant avec les nouvelles de meurtres sanglants, de viols, de crimes, de terrorisme et autres nouvelles similaires. Le plus sage est de méditer la Parole du Seigneur, s'occuper des choses de l'église, de votre congrégation, écouter les sermons, les messages qui parlent de Jésus-Christ et Sa vérité. Occupez-vous d'apprendre des choses édifiantes, approchez-vous plus du Seigneur et ainsi vous vous écarterez des choses inutiles.

Si vous avez un (e) ami (e) qui n'est pas croyant en Jésus-Christ, allez lui parler de notre Sauveur. Faites attention de ne pas vous mêler aux problèmes cette personne.

Rappelez-vous que le démon vous poursuit et que par le péché il entre en vous!

Vous êtes peut-être sûr que rien ne se passera mais n'oubliez pas que le démon reste derrière vous, il vous poursuit, observant tous vos faits et gestes, les endroits où vous allez, si vous vous fâchez, il guette le moindre péché pour entrer en vous! C'est aussi simple que cela!

C'est pour cette raison que vous devez toujours être en état d'alerte et conscient que nous sommes en guerre (Je le fais toujours). Tous les jours je le vis, lorsque je me réveille, je prie le Seigneur en lui demandant pardon pour tous les péchés ou mots que j'ai pu faire ou dire consciemment ou inconsciemment je mets dehors tous les démons. S'ils veulent entrer par cette porte que j'ai pu ouvrir, au Nom de Jésus je les mets dehors et ils doivent partir. Tous les jours j annule tout envoutement contre ma vie et ma famille au Nom de Jésus. Nous avons l'autorité et si nous suivons sa Parole, nous aurons la victoire. Si je suis en sainteté avec Jésus-Christ, alors aucun démon n'a autorité sur ma vie. Immédiatement je leur ordonne de quitter ce lieu. C'est simple : Servez-vous de ce discours comme ligne de conduite.

Quand les démons quittent notre corps généralement ils se manifestent par des rots, bâillements, larmes et vomissements.

Ils peuvent parler à travers vous. Parfois le diable envoie des informations à votre esprit ou vous en avez des visions et vous les dites sur le moment. Lorsque vous parlez avec quelqu'un vous pouvez être certain que beaucoup d'entre eux vous observent. Mais Dieu aussi vous observe et vous écoute, alors faites attention à ce que vous pensez, à ce que vous dites.

Il y a aussi une chose importante, vous ne devez jamais offenser les démons! Non! Le problème c est le péché. Ils sont ici à cause du péché. Si quelqu'un injurie les démons en disant par exemple: « Maudit démon! » demandez pardon à Dieu, PAS au démon. Parce que toutes sont des créatures de Dieu. Si le démon est entré, il ne partira pas tant que vous n'aurez pas demander pas pardon à Dieu pour cela, et faites attention parce que c'est quelque chose de sérieux.

Faisons une petite prière pour détruire les sorcelleries qu'on vous a probablement fait à vous, <u>votre</u> famille ou ancêtres.

Ne vous inquiétez pas ! N'ayez pas peur!

8.2. PRIÈRE DE LIBÉRATION MASSIVE

Accueillons la présence de Jésus-Christ, fermez les yeux et ne vous distrayez pas!

Par la Parole de Dieu, j' ordonne au Nom qui est au dessus de tout nom, au Nom de Jésus que tous les démons réparent tous les dommages qu'ils ont causés à ces croyants en Jésus-Christ. Je vous ordonne de tout réparer avant de partir au Nom de Jésus.

Qu'il s'agisse de la santé, du travail ou d'autres dommages, ils sont réparés maintenant. Vous avez fait du mal et vous devez tout remettre en ordre.

Ces personnes ont accepté, reconnu dans leur cœurs que Jésus-Christ est le fils de Dieu et ils l ont avoué avec leur bouche, donc tout péché est coupé. Votre travail est terminé et ils seront immédiatement libérés ! Vous n n'avez pas de choix au Nom de Jésus.

Aucun démon ne peut m'attaquer, je me lave et me couvre avec le Sang de Jésus-Christ, rempli de l'Esprit Saint et vêtu de l'armure de Dieu. Ils n'ont aucun droit légal sur moi. Au Nom de Jésus je vous interdis de m'attaquer.

Les personnes qui sont ici ont déjà renoncé à tout péché, chaque royaume démoniaque qui est dans ces personnes doit maintenant disparaitre complètement et sans exception.

Au Nom de Jésus-Christ, je libère aussi les frères, les soeurs, les enfants, les petits enfants et tout le reste de la famille. Tout envoutement ou sorcellerie est maintenant annulé. Au Nom de Jésus, je prends l'épée qui est la Parole de Dieu et je déclare ces personnes bénies et je chasse dehors toute malédiction sur leurs vies. Je coupe toute chaine ou lien au Nom de Jésus.

Au Nom de Jésus ces personnes sont propres et j'annule tout envoûtement, sorcellerie sur elles ou leurs ancêtres. Au Nom de Jésus, j annule toute parole de malédiction. C'est fini! Tous les démons et leurs semblables DEHORS, vous ne devez pas rester. Vous devez sortir au Nom de Jésus.

Au Saint Nom de Jésus-Christ j'annule toute incantation, envoûtement, sorcellerie avec photos ou de quelque nature que ce soit. Au nom de Jésus j annule tout. Rien ne doit rester.

Si le démon est entré ou a été envoyé par un aliment ou une boisson, j'annule au Nom de Jésus-Christ ces ordres, je bénis cette nourriture ou cette boisson au Nom de Jésus. Tout le mal est annulé et la sorcellerie doit partir maintenant au Nom de Jésus.

Si les démons ont été envoyés et sont entrés pour un vêtement, un objet, une poudre ou autre chose, moi au Nom de Jésus-Christ j'annule cette sorcellerie et bénis le vêtement ou objet.

Les démons doivent partir parce que toute alliance est rompue, parce que Jésus a fait un Pacte, et grâce à Lui, tout est annulé.

Partez !! Aucun démon ne peut rester ! Tous doivent partir. Cette personne est libre en Jésus. Tous doivent partir, vous n'avez pas de choix. C'est la Parole de Dieu. Au Nom de Jésus-Christ je vous ordonne sortir de cette personne. Le péché a été

avoué devant notre Seigneur Jésus, cette personne a déjà demandé pardon. Aucun démon doit rester parce qu'il n'a aucun droit légal. Au Saint Nom de Jésus-Christ partez dès maintenant.

S'il y a un démon qui ne veut pas partir, je vous ordonne au Nom de Jésus-Christ de montrer à la personne le droit légal ou le motif pour lequel ils ne veulent pas s'en aller et au Nom de Jésus vous devez laisser la personne qui a demandé pardon à Dieu.

Immédiatement vous devez quitter et laisser cette personne en paix. Vous n avez aucun droit de rester.

Si vous êtes dans cette personne par des personnes sont déjà décédées, vous devez partir. Vous devez le/la laisser. Maladies causées par les démons, vous devez partir. Cette personne a déjà renoncé à tout. Si un démon croit avoir le droit de rester qu'il révèle la raison de son droit légal et je lui ordonne au Nom de Jésus de partir. Au Nom de Jésus, Tout démon qui vient par la fierté de cette personne qui a avoué mentalement et demandé pardon à Dieu doit partir, DEHORS, DEHORS, DEHORS AU NOM DE JESUS-CHRIST, DEHORS!

S' il y a un démon qui ne veut pas partir, je vous ordonne au Nom de Jésus-Christ de montrer à la personne le droit légal ou le motif pour lequel vous ne voulez pas la quitter et au Nom de Jésus vous devez laisser cette personne qui a demandé pardon à Dieu.

9. PORTES PRINCIPALES D ENTRÉES AUX DEMONS.

En général, il existe différentes manières possibles permettant l'entrée aux démons. Il est très important d'y penser au moment de la libération. Beaucoup sont Bibliques et les autres je les ai appris au fur et à mesure de mes expériences et de mes études dans ce domaine.

> NOTE: Ce sujet est très important et il est la clé, alors vous le trouverez aussi dans le chapitre suivant.

Je tiens à vous préciser que que tous nos péchés, nos malédictions, nos iniquités faits par nous ou nos ancêtres ont été rachetés par notre Rédempteur Jésus-Christ. Galates 3.13.

Nous sommes sous la bénédiction, sous la grâce, mais les démons et les maladies ne partent pas, ils restent sans droit légal dans nos corps et dans le corps des membres de notre famille. Ils sont la raison de nos maladies et notre souffrance.

Les démons font de nos péchés une réalité, c'est pour cela qu'il est indispensable de connaitre autant que possible les péchés commis par nos ancêtres et nous-mêmes et d'y renoncer. Cela facilite l'expulsion des démons et permet ainsi d'éradiquer de notre famille des malédictions telles que le diabète, le cancer, l'alcoolisme, la pauvreté, etc...

C'est notre devoir de les chasser au Nom de Jésus.

9.1. Malédictions Générationnelles

Ce sont les malédictions de vos parents, grands-parents, arrière grands-parents qui sont arrivées dans votre vie, mêmes avant votre naissance. Vous pouvez avoir des démons. On les appelle démons familiers, ils sont depuis toujours dans votre famille comme par exemple les maladies, la pauvreté, la violence etc.

9.2. Nos propres péchés

Ce sont les péchés que nous avons commis en désobéissant à la Parole de Dieu.

9.3. Pactes sataniques

Ce sont les accords entre une personne et Satan ou entre personnes pour acquérir pouvoir, argent etc... En règles générales, ils sont faits avec du sang humain ou animal. En échange, la personne offre spirituellement sa famille à Satan et ses générations futures.

9.4. Traumatismes, accidents physiques et émotionnels.

L'ennemi profite de tout pour entrer. Les traumas et accidents sont une très grande porte. Ce sont les démons de tristesse, d'amertume, de haine, de dépression, de peur, de panique etc...Exemples: le divorce, les viols, les accidents, les vols, les meurtres, les adultères, les infidélités etc....

9.5. Pour la sorcellerie.

C'est une porte commune, dans presque toutes les libérations on retrouve ce cas. Nous allons donc y consacrer un chapitre.

9.6. Malédictions par les mots, les paroles.

Soyez très prudent avec les mots que vous employez, ainsi qu'à ceux que l'on nous adresse. J ai rencontré beaucoup de gens dont la vie était maudite parce que quelqu'un avait dit (par exemple) à leurs parents que leurs enfants seraient toxicomanes et ils l'ont été.

Même les paroles des chansons que nous écoutons et que nous chantons, même sans les comprendre sont attachements pour nous-mêmes, spécialement celles de tristesse, dépit etc. et bien sûr toutes les chansons qui ne sont pas chrétiennes.

Les expressions plus communes sont : Jamais tu ne te marieras, Tu ne feras rien de ta vie, tu es un idiot, tu es un paresseux. Etc.

9.7. Portes, cas spéciaux et témoignages.

Nos propres expériences.

9.7.1. Pour avoir attaqué par erreur une principauté démoniaque.

Ce n'est pas notre travail. Nous demandons au Père au Nom de Jésus-Christ de le faire. Seulement LUI et uniquement LUI PEUT le faire, NOUS nous ne pouvons PAS.

Le problème c'est le péché.

Les pactes que quelqu'un d'important (présidents, gouverneurs, ou une autre personne avec autorité) a pu faire sur une ville ou région etc…peut être la cause des problèmes dans ce lieu déterminé.

Dans ce cas il faut annuler ce pacte au Nom de Jésus, C'EST TOUT. C'est simple, c'est la solution au problème, il faut toujours retirer le droit légal aux démons et après les mettre dehors. C'est beaucoup plus simple lorsque le pacte a été identifié, mais si on ne le sait pas, avec la foi vous pouvez tout annuler.

9.7.2. Pour avoir « violer » les supposés droits des démons.

Quand une personne a des démons, généralement ces démons veulent prendre pouvoir et possession sur tous les biens (corps, objets personnels, meubles etc…) et ils les défendent au point d'attaquer physiquement l'intrus qui pourrait s'accaparer de cet objet (par exemple un lit, un vêtement).

Témoignage :

Une fois, alors que je libérais toute une famille dans une des pièces de leur maison, j'ai ressenti une immense fatigue m'obligeant à me reposer. La maîtresse de maison m'a alors installé dans une chambre, dès que je me suis couché dans le lit, j ai eu une forte attaque d un démon qui se trouvait là. Je l ai senti passer de droite à gauche puis entrer dans mon cœur. Celui-ci a commencé à battre très fort comme si je faisais de la tachycardie et ma première réaction a été de me faire une auto libération mais le démon ne voulait pas partir. Après quelques minutes j étais préoccupé et je me sentais tétanisé, affaibli. La maîtresse de maison a commencé à prier elle aussi mais rien! Le démon ne voulait pas me laisser, elle était au bord de l' hystérie. Dieu m'a envoyé un autre de ses serviteurs avec expérience en libération et Dieu l'a utilisé pour me libérer. J'ai eu très peur malgré qu'au fond de moi, je savais très bien que le démon ne pouvait pas m'ôter la vie sans la permission de Dieu pour lequel j'étais en train d'accomplir la volonté. Le problème était qu'à ce moment là, je n ai pas été vigilant. Je n' ai pas nettoyé spirituellement ce lit, alors que c'est une étape indispensable lorsque la chambre ou le lit ne sont pas à nous. Surtout qu' après j'ai su que dans ce lit dormait un jeune toxicomane qui avait passé 3 jours dans la rue perdu à cause de la drogue comme cela lui arrivait régulièrement.

9.7.3. CAUCHEMARS

Les démons sont astucieux et perfides ils profitent de toutes les opportunités pour entrer chez nous et nous tourmenter... J ai remarqué qu'ils peuvent entrer chez nous par les rêves et les cauchemars. Ils commencent tout le temps par attaquer notre mental, nos pensées spécialement dans nos rêve profitant qu'on ne puisse pas se défendre parce qu'on dort. C'est pour cela qu' il faut prendre l'habitude de prier et rappeler aux démons la puissance de Jésus (cela prend quelques secondes au feu rouge par exemple). De cette façon, même lorsqu'on rêve ou cauchemarde, L'Esprit Saint nous rappellera que nous pouvons nous défendre et ce même pendant notre sommeil.

Les plus communs sont les cauchemars de peur, de terreur et panique ou de rêves érotiques. Chaque fois que j ai un cauchemar ou un rêve de ce genre, j'attache et je chasse les démons au Nom de Jésus. Et quand je me réveille, je continue à prier et parfois je sens encore le démon sortir mon bras par des mouvements incontrôlés et incontrôlables par exemple. Immédiatement je nettoie la chambre.

Dans toutes les réunions je demande aux personnes si elles font des rêves de façons répétitives, si oui je leur demande de me raconter ces rêves et selon la situation je mets les démons dehors.

9.8. Portes communes d'entrées aux démons.

Les suivantes sont quelques portes d' entrées aux démons que nous avons rencontré. Le péché est la principale porte d'entrée. Et chaque péché ouvre une porte aux démons.

| Adorer Saint Grégoire | Avortements |

Avortements forcés
Accidents
Adorer Maria Lionza
Catholicisme
Ragots
Cigarette
Cocaïne
Critiquer
Dévotions aux Saints
Drogues
Ecouter du Rock
Ecouter des sermons de Prospérité financière
Fornication
Fraude
Homosexualité
Horoscope
Idolâtrie aux personnes
Idolâtrie aux Saints
Impositions des mains Non sanctifiées

Adultère
Arts martiaux
Attaquer les principautés
Zoophilie
Sorcellerie envoyée
Mentir
Métal (musique)
Peurs
Mormon
Ne pas payer la dîme
Ne pas pardonner
Ne pas respecter les démons
Séries télévisées de drogues, sexes
Occultisme
Haine
Film de Batman
Film d'humiliation et de pornographie
Promesses non tenues
Prostitution

Pactes démoniaques de sang

- Colère
- Luxure
- Médisance
- Marijuana
- Terreur, Peur, Guerre
- Témoins de Jéhova
- Objets impurs rapportés à la maison
- Jeux vidéo
- Violence
- Aller voir des sorciers
- Yoga
- Combats
- Chercher la force et le pouvoir
- Rébellion
- Vol
- Satanisme et sorcellerie cachés

RECOMMANDATIONS

-La sorcellerie est une porte très commune que l'on retrouve dans presque toutes les libérations.

- Toujours annuler au Nom de Jésus le droit légal des démons et les mettre dehors.

- Il est nécessaire de prier à tout moment et de se repentir.

- Croyez-moi pas de lit non nettoyé spirituellement.

10. Conférence sur les portes d'entrées démoniaques

Cette conférence a eu lieu dans le Minessota aux USA

Dans cette partie, je vais vous parler des portes d'entrées principales des démons, quand je vous dis démons quasiment toujours je me réfère aux maladies parce que c'est lié!! Là où il y a des maladies presque toujours il y a des démons et là où il y a des démons on rencontre les maladies, la destruction… Dans 80-90 % des cas.

Alors, il y a 4 grandes portes d'entrée, il faut s'en souvenir lorsqu'on va commencer une libération car ce sont les 4 plus grandes portes d'entrées.

10.1 Première porte : Malédictions générationnelles.

Les malédictions générationnelles c'est quoi ? Ce sont les conséquences des actes de nos ancêtres : Père, grand-père, arrière-grand-père et arrière arrière-grand-père. Il y a aussi des malédictions générationnelles qui ne viennent pas que de la 3ème ou 4ème mais peuvent venir de la 10ème.

La malédiction provenant de la 10ème concernant les enfants nés hors mariage. Beaucoup de gens sont malheureusement déjà concernés (famille, amis, voisins). C'est un péché de plus en plus courant pour ne pas dire le plus courant.

En général, et presque toujours un homme a plusieurs femmes. Il a probablement une femme officielle mais plusieurs autours…de ce fait, il y a des enfants conçus hors mariage. Ils sont appelés bâtards et le péché dont ils sont le fruit laisse entrer un démon qui maudira les 10 prochaines générations.

Maintenant, il est plus commun de voir des enfants nés d'une relation passagère, les gens vivent un temps ensemble puis se séparent quand ils pensent que la relation se dégrade ou tout simplement change de partenaire, ils vivent sans liens

Matrimoniaux. Mais de ces relations naissent des enfants. Alors les malédictions se multiplient, et le mal augmente…

Pour les malédictions des 3ème et 4ème générations, on sait que nos ancêtres ont commis le péché de fornication spirituelle, c'est-à-dire qu'ils ont vénéré des dieux éloignés du Seigneur malgré les avertissements.

EXODE 20: 1-6

Alors Dieu prononça toutes ces paroles: « Je suis l'Eternel, ton Dieu, qui t'ai fait sortir d'Egypte, de la maison d'esclavage. Tu n'auras pas d'autres dieux devant moi. Tu ne feras pas de sculpture sacrée ni de représentation de ce qui est en haut dans le ciel, e bas sur la terre. Tu ne te prosterneras pas devant elles et tu ne les serviras pas, car moi, l'Eternel, ton Dieu, je suis un Dieu jaloux. Je punis la faute des pères sur les enfants jusqu'à la troisième et la quatrième génération de ceux qui me détestent, et j'agis avec bonté jusqu'à 1000 générations envers ceux qui m'aiment et qui respectent mes commandements. »

Une question? Vous y voyez plus clair? Vous prenez conscience de ce qu'est désobéir à Dieu? Vous voyez ce qu'est l'idolâtrie?

Il se peut que vos ancêtres aient adoré d'autres dieux éloignés du Seigneur, des animaux, des personnes, des objets, des statues, des images etc... C'est un péché d'idolâtrie et il faut se rappeler que notre Dieu est très jaloux et ne surtout pas douter de sa force.

10.2 Deuxième porte: vos propres péchés.

Les péchés que l'on commet consciemment ou inconsciemment issus de nos agissements. Alors la seule manière de fermer cette porte c'est à travers la libération de nos péchés que Christ nous a donné sur la Croix du Calvaire. Maintenant, il faut chasser les démons qui sont entrés à cause de ces péchés.

10.3 Troisième Porte: Traumatismes Issus d'accidents émotionnels ou physiques.

Lors d'un accident de la route, beaucoup de démons de terreur, de peur, de mort qui entrent.

D'autres types d'accidents comme un avortement, un acte de violence entre un homme et/ou une femme. Dans tous les cas des démons entrent. Quand on progresse un peu sur l'histoire de quelqu'un on découvre que sa mère ou sa grand-mère a été violentée, le plus souvent il y a des démons il y eu des démons et ces démons ont fait beaucoup de mal en passant d'une génération à une autre. Là ce sont les traumatismes physiques et émotionnels. Les accidents et les traumatismes émotionnels sont très délicats. Les accidents génère les peurs, la tristesse, les pleurs, la panique, la terreur, la rancœur, la colère, l'énervement et autre. Tous sont des esprits de maladie qui entrent, s'installent et prennent possession de la personne. Vous imaginez? Vous vous rendez compte? C'est pour cela que la libération au Nom du Seigneur Jésus Notre Roi et Seigneur est très importante.

Même si les aspects émotionnels sont variés dans notre vie, il faut faire attention, il peut nous arriver de maltraiter une personne en la frappant, en l'insultant, en l'offensant, en se moquant d'elle, en la manipulant, etc… et cela apporte en toute conscience des démons et qui au travers de ces traumatismes s'installent dans les personnes. Les résultats de ces traumatismes ne se voient pas le premier jour mais ils commencent silencieusement leur destruction. C'est pour cela qu'il faut être en bon terme avec tout son entourage.

10.4 Quatrième porte: les malédictions envoyées par des tierces personnes.

La parole a un grand pouvoir, suivant les mots que l'on prononce peuvent venir des bénédictions ou des malédictions. Par exemple si on dit à quelqu'un « Mais qu'est-ce que tu es bête » automatiquement un démon rentrera et commencera son travail...

Pensez-vous qu'un démon puisse entrer dans un chrétien? Tout dépend de sa ligne de conduite avec Dieu, si la personne est droite, honnête, intègre et connait sa position face à Dieu, les démons envoyés pour la sorcellerie ne pourront pas atteindre le chrétien mais ils tourneront autour de lui tels des vautours attendant le moindre péché pour entrer et toujours commencer à travailler silencieusement...

Une fois, des sorcières ont envoyé sur un pasteur, des démons. Ces derniers n'ont pas réussi à rentrer en lui mais ils ont travaillé secrètement dans ses pensées pour l'inciter à faire des recherches sur le contrôle mental et les messages subliminaux. C'est de cette façon qu'ils ont réussi à entrer. Grâce à Dieu, le pasteur a été libéré.

Il existe une variante à cette quatrième porte. Il s'agit de la porte générationnelle. Effectivement, de nos jours, beaucoup d'enfants naissent avec des démons qui viennent des malédictions générationnelles et déterminent déjà leur personnalité. Par exemple, des ancêtres alcooliques, drogués, qui pratiquent la sorcellerie etc...

Chaque démons que vous laissez travailler en vous sans le chasser passera dans vos enfants, vos petits-enfants etc...

95 % des personnes libérés étaient opprimés par des démons venant de leurs ancêtres.

10.4.1 Témoignage d'une personne de 70 ans.

C'est une femme de Dieu qui avait une vie très compliquée. Aujourd'hui elle vit seule mais a essuyé deux échecs matrimoniaux. Malgré le fait qu'elle ait deux filles, elle a toujours été rejetée y compris par ses ex-compagnons. Pendant sa libération, un démon a dit (parce que les démons parlent) « Son papa avant de se marier avec sa maman, avait eu des enfants hors mariage avec une autre femme. Il n'avait pas reconnu ces enfants et leur maman a été voir une sorcière. Elle a fait une malédiction sur lui et sa descendance ». C'est par cette porte que sont entrés les démons détruisant la vie entière de cette personne. Grâce à Dieu, elle a été libérée, libérée! Mais les démons avaient détruit ses 70 premières années.

La Parole de Dieu dit: « Si l'on obéit à la Parole de Dieu, on aura des bénédictions en tout (santé, fertilité, abondance…) Mais elle dit aussi que si l'on désobéit, on aura des malédictions pouvant atteindre la 3ème et 4ème génération.

Les malédictions sont réelles, il faut en prendre conscience. Beaucoup de gens sont envahis par la colère qui n'est que le résultat de ces malédictions.

Beaucoup de personnes pensent que l'homosexualité est un gène que l'on possède ou on dès la naissance. Mais la réalité est tout autre. Il s'agit de démons qui proviennent des ancêtres. Et le travail de ces démons est de faire croire à la personne dans laquelle ils sont installés, qu'elle est attirée sexuellement par le même sexe qu'elle. On a eu 2 expériences lors de libérations d'homosexuels qui après leur libération ont prit conscience de leurs aberrations sexuelles.

Il y a des personnes qui ont été abusés sexuellement dans leur enfance laissant entrer en eux un démon de viol. Ce démon va travailler de deux façons soit en faisant que la personne se sente coupable, honteuse, haineuse etc soit en la rendant homosexuelle. Dans tous les cas, ces personnes luttent constamment dans leurs pensées, émotions, souvenirs… Affectant même leur vie intime avec leur partenaire. La clé c'est de chasser les démons !!

Une fois les démons expulsés, le tourment s'arrête.

Il faut savoir, que même si vous connaissez Dieu depuis toujours (famille croyante, pasteur etc…), que vous êtes bien spirituellement, vous pouvez avoir besoin d'une libération, surtout pour couper toutes les malédictions générationnelles. Ces dernières coupées n'atteindront pas vos enfants, vos petits – enfants et vos arrières petits-enfants.

Le fait d'accepter Jésus comme son seul et unique sauveur est une réelle bénédiction mais n'apporte pas automatiquement la libération.

C'est un cheminement quotidien qui vous apporte la salvation, la libération et la guérison. Mais je vous rappelle l'importance d'obéir à la Parole avec sincérité et honnêteté.

10.5 Portes courantes.

10.5.1 Sur la moquerie et la médisance

Nous sommes TOUS (sur la terre et dans le ciel) des créatures de Dieu, que l'on soit bons mauvais, noirs ou blancs... Nous sommes tous soumis à sa Parole, Jésus a emporté les péchés de TOUT le monde sur la Croix. Tout le monde a le droit à la salvation même le plus mauvais d'entre nous. Ce que je veux dire c'est que médire ou se moquer est un péché et n'oublions pas le pouvoir de la parole. Dieu et les démons prennent très au sérieux ce que vous prononcez.

Par exemple: une personne tombe, la première réaction est de rire mais n'oublions pas que cette personne est une créature de Dieu alors imaginez un de vos enfants qui chute, une autre personne se moque et ne l'aide pas. Vous êtes attristé et choqué qu'il ne l'aide pas à se relever... Pour Dieu c'est la même chose. Et les démons en profitent pour entrer.

On a chassé lors d'une libération des démons qui étaient entrés dans une femme pour s'être moquée d'un homme saoul, et dans une autre qui s'était moquée des personnes corpulentes...

Partout où il y a des disputes, des conflits, des soucis d'argent, des entreprises qui ne prospèrent pas etc... Toutes ces petites choses qui peuvent vous sembler insignifiantes sont déjà des oeuvres démoniaques. Il ne faut pas non plus tout mettre sur le dos des démons mais se rappeler que dans 99 % des cas ils sont responsables.

10.5.2 L'ignorance.

Les droits territoriaux: Il y a des choses que l'on peut faire et d'autres non, comme s'attaquer à des territoires (ville, pays etc...) où règnent des démons très puissants (principautés) et où se déroulent des combats de très hauts niveaux.

Qui détruira Satan? Certainement pas vous!! Seul Jésus peut le faire! C'est écrit dans le livre de l'apocalypse, c'est la Parole de Dieu. Nous nous devons faire face à ce qui est ici ! Le problème c'est toujours le péché, nous pouvons commencer à travailler avec les personnes de notre entourage. Si chacune d'entre elle décide de changer sa manière de vivre et respecte la Parole de Dieu, alors les péchés diminueront petit à petit et par conséquent les démons aussi.

Nous devons renoncer définitivement au péché car c'est pour cette raison que Jésus est mort sur la Croix du Calvaire.

NE VOUS ATTAQUER PAS AUX PRINCIPAUTES

Une fois, une croyante m'a dit qu'elle avait pris en chasse le démon le plus puissant de sa ville, mais ce n'est pas comme cela que ça se passe. On n'attache pas ce type de démon aussi facilement.

Nous savons que le royaume des ténèbres est organisé comme c'est écrit dans Ephésien 6. Nous ne pouvons pas nous attaquer à des niveaux élevés si nous n'avons pas déjà conquis le plus petit endroit.

Il faut commencer par nous gouverner nous-mêmes, puis dans nos maisons. Une fois cela réalisé, si Dieu le permet, il nous conduira au niveau supérieur. Il ne nous donnera jamais un fardeau que nous ne pourrions porter, il ne nous expose pas à ceux que nous ne saurions réaliser.

Alors que pouvons-nous faire pour ces démons? Rien car cela n'a pas été établi dans la Parole de Dieu. Les anges prennent l'autorité sur eux là-bas, mais vous pouvez demander au seigneur d'intercéder pour une ville et le Seigneur le fera. Vous pouvez intercéder pour votre quartier, demandez au Seigneur Jésus de vous aider. Il le fera, nous sommes ses enfants. Jésus miséricordieux nous aide en son temps. Mais vous ne lui demander pas d'aide... Or si vous lui demander de l'aide pour vous, vous pouvez très bien lui en demander pour les autres.

Mais vous ne pouvez directement agir sur les territoires démoniaques

Imaginez qu'une personne attache une principauté démoniaque territoriale pour toujours. Alors en faisant cela ce serait suffisant ! Non ? Mais cela serait trop facile ! Cela ne fonctionne pas comme cela ! La principauté ne reste pas attachée! Nous n'avons pas accès à ce niveau de combat spirituel. Les batailles que l'on gagne sont celles que Dieu nous missionne à combattre. Même s'il nous protège par sa grande misericorde, ces batailles ne sont pas les nôtres, elles ne sont pas de notre niveau. Même si cela n'est pas considéré comme un péché, cela nous reste interdit. Le non respect de cette interdiction peut entrainer des attaques démoniaques plus ou moins importantes.

On peut lire dans Ephésiens 6 l'organisation du royaume des ténèbres. Par exemple, nous n'avons pas le droit de nous attaquer aux très hauts rangs démoniaques, par contre notre mission est de combattre les demons qui tourmentent les croyants à travers le péché. Après que Jésus-Christ m'ai libéré des malédictions de mes ancêtres, j'ai commence à évoluer sprirituellement selon la volonté de Dieu. Plus on se rapporche de lui, plus il nous transmet sa puissance. Dieu connait nos limites, il sait mieux que nous ce que nous sommes capables de traverser.

Question : Vous nous dites qu'il y a des endroits où nous ne pouvons pas entrer, par exemple les principautés, les autorités et les souverains des ténèbres, qu'on ne peut pas attacher ces hauts rangs térritoriaux. Mais si on attache les démons les moins gradés, après peut-on s'attaquer aux niveaux supérieurs?

Réponse : Pour les hautes puissances's démoniaques, il n'y a rien à faire ce n'est pas de notre resort. Parce que la Parole ne nous dit pas que l'on peut s'y attaquer, les anges envoyés par Dieu le Père s'en chargent. Par contre, vous pouvez prier et demander à Dieu au nom de Jésus qu'il intercède pour notre ville, notre pays etc… Mais nous, nous devons nous charger de montrer la vérité aux pécheurs car je vous rappelled que les problèmes c'est le péché. Si chacun de nous renonce aux péchés et chasse les demons, nous fragilisons peu à peu jusqu'à sa destruction les forteresses que le diable construit autour de nos vies, quartiers, villes, pays etc…

Mais si vous touchez aux hauts rangs térritoriaux, ils vont vous attaquer en vous envoyant des démons qui vont vous tourmenter jusqu'à détruire votre vie (amour, amis, voisinnage, travail, santé etc…)

Chaque fois que je suis invite dans une autre église ou pays pour amener la Parole de Dieu, je demande que l'église prie pour moi afin que j'ai une couverture spirituelle je ne déplace pas sans cette condition car la prière maintient cette protection sprirituelle. Il est important de rester humble.

Vous aussi, vous pouvez prier pour moi, j'ai besoin de vos prières

Nous savons déjà qu'il existe quatre portes d'entrée principales aux demons MALEDICTIONS GÉNÉRATIONNELLES, PECHES PROPRES, SORCELLERIE, TRAUMATISMES (accidents physiques, émotionnels), c'est très important de les connaitre car lorsque vous allez faire une auto-libération ou une liberation vous allez vous attaquer à ces quatre categories.

Maintenant, je vais approfondir sur les démons de pactes : Les pactes sont des dédicaces, vous n'êtes pas censé savoir qu'un de vos ancêtres a pratiqué la sorcellerie, le satanisme, c'est possible que vous soyez concerné directement ou non par un pacte. C'est très frequent.

Ecoutez ce témoignage : Quand j'ai commencé à oeuvrer dans la libération (on appelle cela un ministère), un de mes premiers cas était le chanteur de l'Eglise qui était entre autre le leader de la chorale, je lui aid it arête de chanter et vient devant avec les autres afin qu'il fasse partie lui aussi de la libération massive. Plus vous êtes au service de Dieu, plus les démons vous prennent pour cible. Il m'a obéit (tant mieux tout le monde ne le fait pas), il avait un démon de pacte envoyé par son grand-père quand il avait entre 5 et 7 ans. J'ai demandé au demon alors tu as accompli ta mission ? Il m'a répondu "oui, il est à moi et tout ce qu'il possède est à moi, et je ne veux pas partir". Je me suis dis comment puis-je casser, annuler ce pacte ? Car j'avais beau essayer de chasser ce demon, il ne voulait pas partir. Je lui ai alors demandé de reculer car j'avais besoin de parler avec le chanteur. En meme temps, j'ai demandé aux personnes de l'église, s'ils connaissaient quelque chose de sa vie succeptible de m'aider mais en vain. Et pour couronner le tout le démon refusait de reculer. Les seuls mots que pouvait prononcer le chanteur étaient "Aide-moi, Aide-moi" et tout de suite le demon reprennait le dessus. Il refusait de partir. Je n'arrêtais de me dire dans la tête "Oh mon Dieu, il ne veut pas partir, je vais reporter ça à demain, le temps de prier. Mais je ne pouvais pas car à chaque fois le demon devenait plus virulent et le chanteur n'arrivait plus à parler. Le Saint-Esprit m'a alors insufflé le **pacte de sang de Jésus-Christ**.

On l'imagine sans valeur alors qu'il est d'une puissance inestimable.

Jésus a dit : " Ceci est mon sang, le sang de la nouvelle alliance versé pour vous en remission des péchés"

Après, une lutte intense avec ce demon, je lui ai rappelé le Pacte de la nouvelle Alliance de Jésus. Il a commencé à s'affaiblir jusqu'à partir. Le chanteur a reconnu la puissance du Pacte de Jésus et a compris pourquoi il faisait des choses contre sa volonté.

Ecoutez-moi bien si vous avez un memebre de votre famille qui est ou a été dans la sorcellerie ou dans le satanisme, c'est certain que vous êtes engage car il offre sa famille à Satan en échange de pouvoir, de biens matériels etc….

10.5.3 L'inquiétude

C'est un autre péché auquel les gens ne prettent pas attention. Frères et soeurs, C'est que dit la Parole de Dieu c'est ça et c'est tout ! Ce n'est pas seulement obéir aux dix commandements, mais lorsque le Seiigneur dit non c'est non. Par exemple, Le Seigneur dit "ne vous inquiétez pas…" Si vous vous inquiétez, vous péchez. Et le démon de l'inquiétude entre en vous. C'est simple, les personnes qui s'inquiètent, même les pasteurs pour servir Dieu, pêchent. Non, non soyez tranquilles parce que le Seigneur "ne vous inquiétez pas" et si vous le faites vous désobéissez à sa Parole.

J'ai déjà trouvé ce démon dans l'assistant d'un Pasteur.

10.5.4 L'attelage disparate

Vous savez ce qu'est un attellage disparate ? Le Seigneur dit : "Ne formez pas un attelage disparate avec des incroyants. En effet, quelle relation y a-t-il entre la justice et le mal ? Ou qu'y a-t-il de commun entre la lumière et les ténèbres ? Vous comprenez ?cela implique le mariage, les amitiés, les affaires etc… Il ne peut pas avoir de relations entre l'obscurité et la lumière. Si vous côtoyer une personne non croyante, les démons présents dans cette dernière s'empareront de vous.

Par exemple, j'ai trouvé des démons d'homosexualité dans une femme hétérosexuelle car elle côtoyait depuis son enfance une lesbienne. Elle avait même parfois des pensées flash d'imaginer une relation avec femme. Je lui ai demandé « vous êtes lesbienne » elle m'a répondu que non jamais elle n'avait eu de relations homosexuelle cela se limitait à ces pensées occasionnelles. Alors l'attelage disparate c'est non ! Dans le mariage c'est pire car on croit toujours pouvoir convertir l'autre mais ce n'est pas toujours le cas.

Un jour, j'ai trouvé un démon qui m'a raconté une histoire. Celle d'une femme très fervente qui venait d'être convertie au christianisme et d'un homme qui commençait à venir vers l'Eglise et chantait dans la chorale de cette dernière. Six mois après, il l'a faisait quitter l'Eglise. Elle voulait revenir vers Dieu pensant qu'il la suivrait mais il y a vait en lui un démon de faux amour. Et ce démon disait « on va voir qui va convertir qui ? » la femme n'est jamais retournée à l'église, elle a eu sa vie détruite, son mari dépendant de la droque, arrivait saoul, dormait dans la chambre pendant qu'elle n'avait le droit dormir que sur sur le canapé.

Grâce à Dieu, cette femme est revenue vers l'Eglise. Alors attention quand le Seigneur dit non c'est non !

10.5.5 Les péchés commis dans le passé.

Même si vous avez changé de manière de vivre, vous avez commis des péchés dans le passé et donc ouvert la porte aux démons. Vous devez demander pardon à Dieu pour ces péchés et chasser les démons.

10.5.6 La sorcellerie.

Les sorcières n'ont pas l'apparence que l'on pourrait imaginer (grande robe, chapeau pointu, verrue etc…), au contraire elles sont parfaitement banales physiquement. Leur travail consiste à envoyer des démons autour de vous mais également autour de votre époux (se), de votre famille, voisins et même dans votre travail. Leur but détruire votre vie (amour, argent, santé etc…).

On est tenté pour se défendre, se protéger de consulter des voyants, guerrisseurs, tarologues etc… sâchez que cela ouvre aussi des portes aux démons car c'est un péché (Deutéronome 18.11).

Quelques exemples de sorcellerie courante: Une maman de l'église est venue me consulter pour son petit garçon qui depuis quelques jours marchait, saisissait les objets différemment etc… J'ai libéré le petit et pendant la libération les démons ont révélé qu'il s'était disputé avec un camarade à l'école et que ce dernier, un petit oriental lui avait fait de la sorcellerie et attaché les pieds et les mains. C'est pour cette raison que l'enfant marchait avec difficulté.

Une jeune fille de 15 ans blonde aux yeux clairs victime d'une jeune pakistanaise jalouse de son physique. Chaque fois que la pakistanaise la croisait elle s'adressait à elle dans sa langue natale. La jeune fille ne comprenait rien mais avait de violentes migraines. Pendant la libération, on a su que c'était un démon envoyé par les mots à cette jeune fille. Une fois que l'on a attaché les démons de jalousie les migraines ont disparu.

Maintenant, je vais reparler de quelques portes d'entrée aux démons à travers ces péchés par exemple: la pornographie, la fornication, le vol, le mensonge, la tromperie, la jalousie, les litiges, les pensées négatives, les paroles de malédictions.

Témoignage:

Question: Si j'ai des amis homosexuels et que je souhaite les évangéliser, comme je les connais et que je les fréquente le problème c'est que je sors me distraire avec eux. ¿n'est-ce pas ¿

Réponse: Oui, vous pouvez y aller et les évangéliser et on doit le faire mais il ne faut vous lier d'amitié car ils vont vous entrainer dans leurs habitudes et c'est ça le soucis. Il faut les évangéliser mais surtout ne pas chercher à chasser les démons d'une personne non convertie au Christ.

C'est important de vous dire qu'il est interdit de chasser des démons lorsque la personne n'est pas convertie vous comprennez ¿Maintenant, vous en connaissez un peu plus sur la libération. Il ne faut pas dire "Démon laisse cette créature de Dieu. Non non il ne faut pas le faire. D'abord la personne doit accepter Jsus-Christ. Si vous le faites, vous aurez des problèmes, les démons vont vous poursuivre et attendre l'opportunité pour vous attaquer.

Question: Alors il faut d'abord accepter le Christ ¿

Réponse: Il faut d'abord une vraie acceptation de Jésus, aller fréquemment à l'église. Après cela, vous pouvez faire la libération sinon c'est vous qui aurez des problèmes.

Question: Alors si la personne ne reconnait pas Jésus comme son sauveur ¿

Réponse: Non il doit recevoir Jésus dans son coeur ¡

Question: La seule chose que je peux faire pour elle c'est prier Dieu.

Réponse: Prier pour que le Seigneur ait la misericorde de cette personne et qu'il lui permette de le connaitre.

Pendant la grossesse, les démons peuvent aussi entrer. Il faut faire attention aux disputes dans la maison, dans le couple car le bébé est un être vivant et perçoit tout. . Il faut faire attention pendant la grossesse et mettre des musiques douces, parler gentiment, calmement…De même qu'il faut faire attention aux grossesses où le papa et la maman ont fait ce bébé en sortant de discothèque car là les démons du non amour, de la culpabilité, du rejet peuvent entrer en lui. C'est pour cela qu'il important de savoir si vous êtes le fuit de l'amour ou d'une histoire de sexe.

Il faut faire très attention avec ça parce que les démons entrent dans les enfants comme celui du désamour ou autres comme je vous l'ai dit précédemment. C'est pour cela qu'il y a des enfants qui ont une mauvaise image d'eux même, des enfants rebelles et plus encore…

Il y a des femmes qui ne veulent pas d'enfant et qui lorsqu'elle tombe enceinte se retrouvent abandonnée par leur conjoint. Par conséquent, ces femmes ont tendance à rejeter la faute sur le bébé. D'où l'entrée d'un démon de rejet dans l'enfant pendant la grossesse.

Nous avons tous été conçu de manière différentes, dans mon cas mon papa était marié avec une autre femme; alors tous les démons de fornication et d'adultère etc… qu'avait mon père m'ont été transmis. Ils sont partie au nom de Jésus lors de mon auto-libération.

C'est pour cela que Jésus s'est fait malédiction car il est écrit: "Maudit tout ce qui est pendu au bois". C'est pour cela que Jésus a emporté avec lui sur la Croix du Calvaire toutes nos malédictions, toutes nos maladies et tous nos péchés par amour pour nous pour que nous soyons libres.

Quand vous accpetez Jésus-Christ automatiquement vous êtes libres de tout car il a déjà payé pour vous, parce que vous appartenez à Jésus. C'est coimme si vous aviez été aussi accroché à la croix, et la Parole de Dieu dit "Avec Christ je suis crucifié, je ne vis plus mais c'est le Christ qui vit en moi". Tout est resté dans la Croix ¡ Vous comprenez? Alors il n'est pas nécessaire de casser la malédiction car Jésus l'a déjà fait. Même pour les péchés que vous avez commis avant, Jésus les a emportés aussi. Le monde d'aujourd'hui nous oblige à pécher que l'on le veuille ou non, mais maintenant c'est différent on les confessera immédiatement. "Seigneur je te confesse le péché d'énervement et je te demande pardon, je me suis trompé". Le Seigneur te pardonnera mais les démons ne partiront pas, Vous comprenez? C'est pour cela qu'il vous faudra le chasser.

C'est pour cela qu'il est important d'accepter Jésus comme son SEUL et UNIQUE sauveur, parce que si la personne ne le fait pas, les malédictions et les démons continueront. Vous ne pourrez pas les chasser si la personne n'est pas totalement convertie au

Christ. Si vous avez accepter Jésus, vous êtes prêt pour la libération, c'est ça la bonne nouvelle Alleluia ¡

Mais n'oublions pas que la Foi est importante, il faut croire, il faut vivre dans la Foi.

Si vous avez un démon, vous allez le chasser au nom de Jésus mais il vous faudra la Foi pour passer à l'action. Les démons reconnaissent si vous priez avec Foi et autorité. Si c'est le cas, ils partiront tout de suite ¡Alleluia Alleluia Alleluia.

C'est souvent que l'on ne connait pas les péchés commis par nos ancêtres. Alors il ne faut pas se casser la tête car de toute façon Jésus a déjà tout payer sur la croix. Mais bien sur si vous connaissez les péchés la libération sera plus facile (voir le formulaire).

C'est pour cela qu'il y a des gens qui disent qu'ils ne peuvent pas avoir de démons car Jésus a déjà payé dans la Croix. Oui ils ont raison de dire que Jésus a tout payé mais il audra tout de même chasser les démons car ils ne partiront pas comme ça. Il faut les faire sortir au Nom de Jésus. Mais si vous ne le faites pas ou que vous empêcher quelqu'un d'être libéré c'est pire. Dieu nous a donné l'autorité à tous pour chasser les démons, nous sommes tous un SEUL corps du Christ et nous avons l'autorité pour nous libéré les uns les autres.

10.5.7 Par les séries télévisées, les télés-réalité:

Il faut faire attention aux séries télévisées que l'on regarde car dans la plupart on y rencontre de la pornographie, de l'infidélité, des disputes, de la médisance etc… La trame des télés-réalité est principalement la jalousie, la stratégie, le désir d'émulation en incitant les participants à dénuder, se dévaloriser voir se ridiculiser devant les caméras.

Il faut être prudentes si l'on veut conserver sa libération et ne pas ouvrir des portes car ces émissions n'édifie personne spirituellement bien au contraire et peuvent vous inciter à vouloir leur ressembler. C'est la mission de ces démons.

10.5.8 Les films d'horreur, d'épouvante, de guerre.

Le fait de regarder ce genre de films ouvre la porte aux démons. Et malheureusement à beaucoup beaucoup de démons comme par exemple, la peur, la terreur, la violence… Car que voit-on dans ces films? Des meurtres, des viols, des massacres, de la torture etc…

Et tous ces démons ont une influence directe sur nos comportements.

10.5.9 Jeux dans les écoles:

Le malin commence à gagner du terrain en incitant vos enfants à faire des jeux simples mais démoniaques. Par ces jeux, il les attache à lui et continuera son travail toujours aussi silencieusement.

Exemple de jeux: divination avec un crayon, dame blanche etc…

10.5.10 La table Ouija:

C'est le fait d'invoquer par le biais de cet outil des démons qui se déguisent en esprits familiers que vous avez perdu par exemple. Que vous maniez le Ouija ou que vous soyez seulement spectateur les démons entrent de la même manière.

En Colombie, comme ailleurs il existe différents "jeux" qui s'apparente au ouija, par exemple le pendule, l'alliance suspendue, les ciseaux etc… Le but étant d'invoquer un esprit donc un démon qui répondra par oui ou par non à vos questions.

Témoignage

Question: Vers l'âge de 8 ans, j'habitais avec beaucoup de cousins, il y avait une fille qui écoutait pas mal de musique rock, elle vivait aussi avec nous. Elle manipulait souvent un ouija qu'elle avait fabriqué en papier. Je n'ai jamais participé mais je regardais. Est ce que c'est mal.

Réponse: Là, il y aun démon de ouija. Même si vous n'avez pas participé vous étiez présent. C'est très délicat, car permettre quelque chose de contraire à la Parole de Dieu c'est un péché. C'est pour cela qu'il faut s'éloigner de ces pratiques. Si vous rester vous permettez cela donc vous péchez.

Deutéronome 18: 9-14

Question: Alors c'est un péché par une tiers personne?

Réponse: Non c'est un péché propre

Question: Et que risquent les gens qui jouent au casino?

Tous les jeux de hazard font partie de la divination, tous sont démoniaques et tous les démons de la divination doivent être chasser au nom de Jésus.

Alors la liste est grande

Alors, vous avez des enfants ¿Qui est marié ici ¿Je vais vous expliquer quelquechose : Les papas sont responsables de leur foyer, si la maman vit seule c'est elle qui será responsable de sa maison parce qu'elle aura l'autorité spirituelle. Cela signifie aussi que l'on est responsable devant Dieu de tout ce qui se passe dans notre maison.

Si vous avez un fils ou un adulte qui vit chez vous et que cette personne regarde de la pornographie, il pèche et par conséquent vous péchez aussi. Vous êtes responsable devant Dieu.

Si cet enfant a un ordinateur avec un accès internet et fait des mauvaises choses vous êtes responsable même s'il est adulte. Vous devez faire respecter votre maison. Si votre maison est sainte vous êtes sainte. Aucun péché dans votre maison, vous êtes responsable même si c'est un locataire. Sinon vous attirer des malédictions chez vous. Alors c'est un sujet délicat et un péché. Vous devez prier mais vous devez aussi ranger spirituellement votre intérieur, toutes les choses de votre maison et chasser tous les démons.C'est souvent avec vos enfants, surtout s'ils sont rebelles. Vos devez savoir tout ce qui se passe dans votre maison et garder le contrôle comme un chef. Il faut faire attention, car maintenant c'est très courant que vos enfants amènent le copain ou la copine et s'enferme dans la chambre et sous le permettez sans garder le contôle.

Vous devez craindre Dieu, car il est Saint et il a dit "**Soyez saints comme je suis saint**". Nous omnes un peuple choisi et obéissant. Ici c'est pareil c'est très délicat. Alors nous devons tout faire pour nous attirer la bénédiction, parfois on se demande pourquoi nous ne recevons rien, la cause c'est le péché

Témoignage

Question: Que pouvons nous faire, si un de nos enfants ou membre de notre famille a son propre accès ainternet ¿Ils ont le droit de faire ce genre de choses ici ¿

Réponse: Vous êtes le chef de votre maison, vous avez l'autorité et devez garder le contrôle de tout. Vous devez tout savoir. En plus, si votre enfant est mineur et qu'il fait quelque chose d'interdit et qu'arrive la pólice, qui vont ils chercher en premier ¿ C'est le papa! Alors si dans le quotidien c'est comme ça imaginez dans le monde spirituel c'est la même chose ¡

Question: Jusqu'à quel âge on est responsable, je parle spirituellement?

Réponse: N'importe quel âge. Vous êtes toujours responsable de votre maison. On va dire que vous hébergez un homme de 50 ans et que par exemple il tue quelqu'un. Qu'est ce que vous riquez ¿En premier lieu, la pólice va vous interroger et dans un second temps si la police découvre que vous connaissiez ses tendances meurtrières, vous vous rendez complice. Maintenant dans le quetidien c'est comme ça alors dans le monde spirituel c'est pareil. Il faut que votre maison soit le foyer de Dieu, que votre maison soit le temple de Dieu, que votre maison soit l'église de Dieu. Vous comprenez ¿Gardez le contrôle sur tout ¡Pouquoi? Parce que cela apporte les bénédictions de Dieu.

Alors le royaume de Dieu est pour ceux qui l'arrachent. Il faut avoir l'autorité, rester ferme et lorsque vous voyez qu'il ne vous obêis pas il faut prendre le contrôle. Et s'il vous résiste ou s'oppose, pour ne pas perdre, vous devez lui parler, lui dire que c'est parce que vous l'aimez que vous preñez le contrôle et s'il résiste encore, vous passez à l'acte (en supprimant par exemple l'ordinateur).

Moi j'aime mon fils, mais parfois quand je l'emmène en voiture, il lui arrive de vouloir me parler de choses qui sont à l'encontre de Dieu. Et je lui dis "Fils, ici dans ma voiture, on ne doit pas parler de choses qui vont à l'encontre de notre Seigneur Jésus-Christ. C'est interdit. Dans ma voiture, tu dois me respecter, respecter le Seigneur que j'aime, et tu ne dois pas m'offenser ni moi, ni ma femme, ni la femme du Christ, ni ma musique chrétienne."Alors c'est pareil chez moi, dans ma maison mon fils ne joue pas à la Nintendo, ni au Pokémon, chez moi il n'y a pas de choses comme ça, même si c'est un devoir de l'école c'est interdit, parce qu'à l'école il lui ont demandé de lire un livre sur Harry Potter. Je lui ai interdit. Je suis allé m'expliquer à l'école.

Il ne vont pas diaboliserma maison par le péché, parce que Dieu s'éloigne et s'est un porte ouverte aux démons. Après, ils s'installent dans ta maison, dans ta famille, dans ton mariage et tout ça pour un simple péché. Il faut prendre les choses de Dieu bien au sérieux, s'il dit non, c'est NON ¡ A tout Prix ¡

Alors c'set encore un sujet délicat, il faut prendre garde à votre foyer, faire attention aux personnes que vous côtoyer.

Témoignage:

Question: Avant de connaitre Dieu, nous jouions au loto. C'est bien ou pas ¿

Réponse: Je répète, les jeux de hazard Font partie de la divination. Nous devons avoir confiance en Dieu. C'est lui le propriétaire de l'or et de l'argent. Il faut avoir confiance en lui.

C'est écrit dans la Parole de Dieu en Luc 12: 27

Observez comment poussent les plus belles fleurs: elles ne travaillent pas et ne tissent pas; cependant je vous dis que Salomon lui même, dans toute sa gloire n'a pase u d'aussi belles tenes que l'une d'elles. Nous dépendons de Dieu, et si nous avons confiance dans des choses qui ne sont pas de Dieu, notre Foi dévie.

Question: Que se passe t-il pour un enfant dont les parents sont divorcés si l'un est chrétien et pas l'autre? Que peut-on faire ¿

Réponse: Prier. Aller à l'église pour demander des conseils familiaux. Il faut bien connaitre la Parole de Dieu de façon à éviter un mariage disparate où l'un des parents choisira par exemple de baptiser les enfants au catholicisme, remplir a maison d'images d'idoles et l'autre parent parce qu'il connait la Parole de Die une le veut pas. Ou alors mettre une image de la Vierge dans un endroit etc... Et tout ça c'est le résultat de l'ignorance de la Parole.

10.5.11 Les jeux vidéo de bagarre

Beaucoup de gens sont possédés à cause des jeux vidéos. Il y a des parents qui achètent des jeux vidéo à leurs enfants pour leur faire plaisir et avoir la paix. Mais ce n'est pas sans conséquences car la malin passe aussi par ce type de jeux pour attacher vos enfants.

Soyez vigilants sur les jeux que vous achetez (bagarre, morts vivants, sorcières, fées etc...)

10.5.12 Les avortements.

Seul Dieu donne ou retire la vie, cela ne peut pas être une décision humaine car c'est se substituer à Dieu.

Que vous ayez commis l'avortement ou que vous ayez conseillé quelqu'un de le faire vous êtes coupable. Même l'utilisation de « la pilule du lendemain » est un avortement car à partir du moment où un homme et une femme s'unissent une vie commence. Le meilleur contraceptif c'est de contrôler la situation pour ne pas tomber enceinte.

10.5.13 Les mauvais actes sexuels

Dieu a créé chaque partie de notre corps avec une fonction bien précise et on se doit de respecter les fonctions pour lesquellles elles ont été créées. J'ai trouvé des démons entrés lors de relations sexuelles incorrectes qui plus est occasionnent des maladies, ces mauvaises relations sexuelles sont des péchés... Par conséquent, il faut être prudent de ne pas faire de mauvaises choses.

10.5.14 Le viol est aussi une porte d'entrée
Le jeu du papa et de la maman, la tentative de viol ou la relation forcée sont tous des péchés donc des portes d'entrée; Si ces péchés se sont déroulés pendant l'enfance ils occasionnent en plus des déviances, donc encore des péchés...

10.5.15 L'idolâtrie
Nous avons mentionné des portes que l'on considère comme non communes. L ('idolâtrie en est une ! L'idolâtrie à des Saints ou des personnes. Personnes que l'on idolâtre comme des chanteurs, des acteurs, l'époux qui idolâtre sa femme ou le contraire, ou les voitures, son travail etc...

Tout ce qui peut prendre la première place devant Dieu comme emplois, amis, loisirs, sports, époux, enfants... Si vous laissez constamment les réunions à l'église pour toutes autres causes cela peut être de l'idolâtrie.

10.5.16 Rapporter des objets impurs à la maison.

Bien que ce soit fait de manière conscient ou inconsciente, cela produit des malédictions. J'ai par exemple le témoignage d'une personne qui s'est retrouvée possédée après avoir acheté une peluche dans une machine dont le propriétaire avait fait le pacte d'introduire une malédiction dans les maisons où se trouveraient ces peluches.

C'est comme tous ces objets tels que les images religieuses, les statues, les chapelets…Le catholicisme est plein de ces choses et les fidèles l'ignorent… Comme tout plein d'objets orientaux, éléphants, images hindoues, Bouddha, coffres, les démons sont autour de ces objets pas à l'intérieur.

En Amérique Latine, vous pouvez être sûr de trouver des démons autour des choses indiennes comme les haches, fer à cheval, statues etc…

Témoignage d'une jeune femme dont le fils de 7 ans était atteint d'épilepsie, je lui ai recommandé de prendre toute une série d'objets qu'elle possédait et de les jeter. C'était une catholique et le jour où elle s'est séparée de tout ce que je lui avais dit (images, statues qu'elle avait dans la maison) son fils fut guéri. Il n'a jamais plus eu de crises.

Les démons ne jouent pas et Dieu non plus. Quand Dieu dit c'est comme ça ! Alors c'est comme ça !

C'est délicat mais ne rapportez pas d'objets dans votre maison ! RIEN!

Soyez prudent aussi avec les cadeaux que vous recevez! S'il y a des jalousies, il est possible que la personne qui vous l'offre ait fait une prière dessus! Ces prières peuvent détruire votre maison, votre famille, vos finances etc… Dans ce cas sortez ce cadeau, détruisez-le, ne l'offrez à personne d'autre afin de ne pas transmettre cette malédiction, et chasser le démon avant qu'il ne soit trop tard. La sorcellerie est une chose délicate.

10.5.17 Les vêtements que vous portez. Prenez soin de votre maison.

Vous devez comprendre ce qu'il est écrit sue les vêtements que vous portez surtout si cela est écrit dans une autre langue. En cas de doute, il est préférable de ne pas les porter.

Vous devez nettoyer toute votre maison, je vous suggère de ne pas avoir beaucoup de choses sur les murs que vous auriez pu acheter et dont vous ignorez la signification. Beaucoup de ces choses peuvent être consacrées. Soyez vigilant!

Ce sont des faits réels dont je vous parle, il n'est pas nécessaire de payer une sorcière pour faire de la méchanceté, les gens mal intentionnés se renseignent partout même sur internet.

10.5.18 Paroles de malédictions, insultes, jurons…

Une parole de malédiction ce n'est pas forcément dis à quelqu'un « je te maudis » mais aussi par exemple lui dire:

Vous êtes stupide	Vous n'allez jamais vous marier
Vous êtes un bon à rien	
Vous êtes un imbécile	Vous faites tout mal
	Votre cuisine est infecte

Vous êtes gros   Vous êtes malheureux

Vous êtes maigre   Maudit sois-tu etc…

Vous n'avez pas de chance

Cela peut vous sembler anodin mais c'est tout le contraire. On ne cesse de vous rappeler la puissance de la parole. Et ce genre de paroles peut vous amener des démons. Par exemple, à l'école si vous n'arrivez pas à faire un exercice ou autre et que le professeur vous dit "Mais que vous êtes bête" Il faut apprendre à votre enfant à dire " Au nom de Jésus, j'annule toutes paroles de malédiction dites contre moi ou contre ma famille, Démons votre misión est annulée, Dehors au nom de Jésus" .

Nous devons absolument changer nos paroles et bénir tout ce que nous disons. C'est bon que les gens soient bénis par votre bouche en disant par exemple:

Vous êtes responsable

Vous êtes intelligent

Comme tu es gentil etc…

Dieu dit « Soyez saints car je suis saint » Rappelez-vous, Dieu nous a transportés du royaume des ténèbres au royaume de lumière. Nous sommes lumière, nous sommes des lampes, nation sainte, véritable sacerdoce, et nous devons agir comme tels ! « Je suis crucifié avec le Christ et je ne vis plus mais c'est le Christ qui vit en moi », les choses anciennes appartiennent au passé, ici tout est nouveau.

« Et si nous marchons dans ce monde ce n'est pas pour faire ma volonté mais celle de celui qui m'a envoyé, pas pour ma Parole mais pour la sienne, pas pour ma langue mais pour la sienne, pas celle de mon voisin sinon la sienne. Ce que la Parole de Dieu dit, je vous le dirais. Témoignage

Question: Pasteur, quand une jeune qui vit encore chez ses parents, qui ne connait pas Dieu tombe enceinte. Elle décide de partir de la maison, ses parents sont blessés, fâchés et commencent à dire des fortes paroles contre de leur fille. Cela peut-être une malédiction ¿

Réponse: C'est clair, c'est une malédiction. On peut se sentir blessé, trahit mais il ne faut pas en venir à prononcer ce genre de parole par colère. Ephésien 24:26.27 Si vous vous mettez en colère, ne péchez pas. Que le soleil ne se couche pas sur votre colère, et ne laissez aucune place au diable.

Si je suis en colère, je demande pardon à Dieu, à la personne et je me pardonne moi même. Et je continue avec ma Foi, c'est comme fermer la porte aux démons.

Question: Même si la jeune fille qui est tombée enceinte, n'entend pas les paroles que ses parents ont dit par colère, cela peut quand même l'affecter ¿

Réponse: Bien sur c'est une malédiction, la première chose elle a trahit ses parents avec cette grossesse hors mariage, la deuxième elle a quitté la maison sans leur approbation. Dans les deux, elle a péché contre Dieu et ses parents. "Honore ton père et ta mère, pour que tu ais de longs jours remplis de prospérité, c'est le premier commandement avec une promesse".

Vous voyez ¿alors qui va exécuter la malédiction ¿ les démons bien sur. Même si vous n'avez pas entendu la malédiction, elle a été envoyé et les démons qui l'accompagnent rentrent et accomplissent leur travail.

FAITES ATTENTION DE NE PAS VOUS LAISSER ALLER A LA COLERE! Car on peut dire des choses méchantes, des insultes…

Le monde spirituel est très puissant, c'est pour cela que vous devez faire la paix avec toutes les personnes de votre entourage.

Par exemple, une personne à l'autre bout du monde nous envoie une malédiction, si nous ne sommes pas avec le Christ cela nous affectera, mais si nous marchons avec le Christ nous ne serons pas atteint.

Ensuite, Si la personne maudit, des démons sont envoyés mais si la personne bénit, elle sera elle-même bénit par les anges.

On a beau avoir le privilège d'avoir Jésus dans notre coeur, cela ne doit pas nous empêcher de nous maintenir "propres", en demandant pardon pour tous les péchés commis alors que nous savions que ce nétait pas bien, mais aussi en pardonnant à ceux qui nous ont offensés.

Il y a de gens qui disent "Je vais t'écraser la tête Satan" mais ça il ne faut pas. Il ne faut pas maudir les démons et déchargez notre colère sur eux mais il faut chercher la porte que l'on a ouvert. Une porte s'ouvre dès que l'on pèche.

Les démons vont accomplir leur mission mais rappelez qu'ils sont là pour une cause: le péché. D'où l'importance de rester saint pour chasser dehors les démons.

Nous devons être prudents d'être toujours dans la sainteté pour pouvoir chasser les démons.

10.5.19. Attacher les principautés, le culte de Marie, Saint Alphonse, Saint Grégoire, etc...

10.5.19.1 L'imposition des mains quand on est en train de pécher

1Timothée 5 : 22

Ne pose les mains sur personne avec précipitation et ne t'associe pas aux péchés d'autrui. Toi-même, garde-toi pur.

Par exemple : Une personne avait dit à une commerçante qu'elle pouvait l'aider pour que sa boutique prospère. Elle a fait une prière et lui a imposé les mains. Le résultat c'est que sa boutique a fermé et la dame qui a prié lui a transmis un démon. C'est celui-ci qui nous a tout raconté au cours de la libération d'un pasteur. Et cette pasteur c'est l'ancienne commerçante qui à l'époque n'avait pas encore accepté Jésus.

Question : Est-ce le pasteur qui doit imposer les mains ?

Réponses : oui mais ça peut être aussi un autre leader de l'église. Mais il faut faire très attention car si vous voyer le pasteur ou un leader avec de la colère, des ressentiments ne vous laissez pas imposer les mains parce qu'il peut vous transmettre ses démons.

Un autre exemple : Si un pasteur pratique l'adultère, est en procédure de divorce etc...ou pratique n'importe quel péché, come il est la tête spirituelle de l'église, les démons qui sont en lui se transmettrons à tous les fidèles comme un virus.

Soyez très prudents avec les gens que vous amenez à l'église, qu'ils soient évangélistes ou chanteurs car beaucoup d'entre eux (pas tous) n'ont pas été complètement libérés et des démons de luxure, orgueil et divisions apparaissent en eux.

Avant d'amener quelqu'un à l'église, il faut bien étudier sa vie privé, sa vie professionnelle afin de savoir s'il n'a pas de problèmes donc de démons. Le pasteur a la responsabilité totale de l'église et doit prendre soin de toutes les brebis du Seigneur.

Méfiez-vous, dans l'église où je suis tout le monde n'impose pas les mains, tout le monde ne peut pas servir, la personne doit être sainte et son foyer aussi. Les fruits d'une véritable église c'est la croissance, la sainteté, la transformation des personnes, les signaux et les prodiges, les femmes stériles tombent enceinte, les gens écoutent la bonne Parole la guérison etc… C'est le cas de l'église dans laquelle je fais partie.

10.5.20 Le non-paiement de la dîme.
Lorsqu'on paye la dîme, nous sommes sous la bénédiction. Tant que vous avez de revenus, vous devez vous en acquitter.

Malachie 3: 10

Apportez toutes les dîmes à la maison du trésor afin qu'il y ait de la nourriture dans ma maison. Mettez-moi ainsi à l'épreuve, dit l'Eternel, le maitre de l'Univers, et vous verrez si je n'ouvre pas pour vous les fenêtres du ciel, si je ne déverse pas sur vous la bénédiction en abondance.

Si vous le souhaitez, vous pouvez faire une offrande au ministère Cristo Libera. Merci

10.5.21 La toxicomanie
Les drogues telles que la cocaïne, la marijuana, la cigarette etc…

10.5.22 Sermons de prospérité financière

J'ai rencontré beaucoup de ces démons, et il est fort probable qu'ils entrent dans votre corps. Et ils vous feront aimer l'argent.

10.5.23 Promettre et ne pas s'y tenir

Exemple: Si le Pasteur vous demande de l'aide et que vous ne pouvez le faire, dans ce cas, il est préférable de dire non et d'être en règle avec Dieu. Car notre Seigneur est Saint.

10.5.24 La musique générale de ce monde

De nos jours, beaucoup de chansons ont des paroles qui ne parlent que de douleur, de tristesse, de rébellion, de convoitise, de luxure, de blasphème, de haine, de honte, de vengeance, etc…

Préférez donc écouter de la musique chrétienne.

10.5.25 Autres portes

Le non pardon

Le vol

La rage

La critique

Le Yoga

Les Arts martiaux

Les commérages

Les sectes, Témoins de Jéhovah

Les Mormons

Demander force et puissance aux mauvais endroits

Les cours de danses sensuelles	La samba
	L'horoscope

Maintenant que vous en savez un peu plus sur la libération, surtout ne chasser jamais les démons d'un non-croyant!! Vous comprenez? Ne dites jamais aux démons de lâcher cette créature de Dieu ! NON NON JAMAIS ! D'abord la personne doit être du Christ ! Si vous le faites, vous vous exposez à des problèmes, le diable rôde autour de vous attendant la moindre occasion pour vous attaquer.

Les grossesses non-désirées, issues d'une relation occasionnelle ou bien encore dans laquelle il y a beaucoup de conflits, de disputes ouvrent également la porte aux démons.

La jalousie que ce soit dans la famille, dans la même église de Jésus-Christ etc…

Les jeux de divination, de loterie, les casinos… sont des portes

Vous êtes responsable de votre maison et de ce qui s'y passe. Alors veillez toujours à faire respecter et n'y permettez pas d'actes, de paroles indignes etc… Parce que votre maison est sainte et à la gloire de Dieu.

10.6 Conseil

Je vais vous donner un conseil: Relisez entièrement ce chapitre et renoncez un à un aux péchés qui auraient pu ouvrir des portes, mais également aux péchés qui ne se trouvent pas ici mais dont vous vous souvenez. Ensuite, au Nom de Jésus chassez puis jetez tous les démons éventuellement présents aux abîmes.

Auteor: Roger D. Muñoz

RECOMMANDATIONS

Là où il y a des maladies, presque toujours il y a des démons et là où il y a des démons il y a des maladies.

Les péchés de nos ancêtres (parents, grands-parents, arrières grands-parents), nous sont transmis donc les démons de ces derniers aussi.

Les traumatismes d'accidents physiques ou émotionnels sont aussi une porte importante.

Il faut faire attention à toutes les paroles que l'on prononce car cela peut nous ammener des malédictions.

On trouve souvent des jeunes remplis de colère, mais cest le résultat d'un héritage pouvant venir du papa ou de la maman.

Le problème c'est le péché, il faut laisser tous les péchés sur la Croix du Calvaire, et c'est pour cela que Jésus-Christ nous a donné sa vie.

Si vous dites Seigneur, pardonnez-moi au nom de Jésus, et que vous continuez à pratiquer ce même péché, vous trahissez Jésus. Il est Saint.

Dieu ne veut pas nous donner des charges plus Lourdes qu'on ne pourrait les supporter.

Si vous avez un membre de votre famille qui a été ou est sataniste, écoutez bien, il est certain que ayez été dédié, car il dédie toujours sa famille.

Le Diable pourrait vous empêcher de lire ce livre par n'importe quel moyen, car il sait qu'une fois que vous connaitrez la vérité, vous gagnerez la liberté.

Jésus a emporté toutes les malédictions et les iniquités sur la Croix.

Les papas sont responsables de leur foyer et si la femme est seule c'est elle qui prend la tête.

Si nous accordons notre confiance à d'autres choses qu'à Dieu, notre Foi dévie.

Ce ministère de libération est beau. Vous savez pourquoi ¿Parce que vous pouvez ordonner votre vie, chasser les démons et commencer une nouvelle vie dans la main de Jésus.

Les images sont des malédictions, c'est principalement le catholicisme qui est rempli de ces images, mais les fidèles l'ignorent.

Votre maison doit toujours être "propre" (spirituellement parlant), il faut faire attention à toutes les choses que l'on ramène chez nous car beaucoup sont impures.

Le monde spirituel est très puissant, c'est pourcela que vous devez être en paix avec tout votre entourage.

 Si la personne qui va vous libérer n'est pas sainte, elle peut vous transmettre tous ses démons.

Auteor: Roger D. Muñoz

11. CONSTRUIRE UNE ÉQUIPE DE LIBERATION

Il est essentiel d'établir une équipe de libération dans chaque église capable de servir l'ensemble des fidèles y compris la famille pastorale. C'est tous ceux qui composent le corps du Christ. Dans ce chapitre, je vais vous donner les bases pour constituer cette équipe.

11.1. Caractéristiques des membres d'une équipe de la Libération.

Dans chaque travail on doit avoir un profil type, ici c'est la même chose, c'est ce qui permet à une personne d'accomplir cette mission afin qu'elle ne devienne pas une question d'émotions. Car une fois cette équipe constituée, débutera un processus de formation et d'évolution régi par la Bible et le Saint-Esprit. Cette équipe s'engage en toute conscience à œuvrer à n'importe quel moment, dans la confidentialité permanente, avec autorité, sérénité, responsabilité sociale et principalement avec amour.

On n'œuvre pas dans une telle équipe par curiosité, espérant voir un spectacle! Cette équipe de libération doit agir avec la plus grande responsabilité, autorité et sainteté car elle pénètre sur des terrains spirituels réellement en guerre. On prend conscience du bien et du mal, on réalise que les croyants ne profitent pas d'une vie abondante comme le décrit la Bible. Cette vie peut être obtenue grâce à la libération et au maintien de cette dernière. C'est comme-ci vous défrichiez votre jardin, arrachiez, déraciniez toutes les mauvaises herbes, votre jardin est devenu propre et magnifique il ne vous reste plus qu'à l'entretenir en arrachant chaque jour la moindre petite mauvaise herbe qui pousse et en combattant au nom de Jésus le semeur de mauvaises graines qui n'est autre que Satan.

On commence alors à apprécier en plus de la salvation, la valeur de la vraie liberté en Christ, ce trésor dont peuvent profiter les enfants de notre Dieu maître de l'Univers, donneur de vie, de liberté et surtout de son sang tout puissant.

Dans ce chapitre, comme dans tout le livre, nous allons utiliser la version biblique Louis Segond (LSG)

ACTES 19 :13-20 LSG

Quelques exorcistes juifs ambulants essayèrent de prononcer le nom du Seigneur Jésus sur ceux qui avaient des esprits mauvais ; ils disaient : « Nous vous conjurons par le Jésus que Paul prêche ! »

Ceux qui faisaient cela étaient sept fils de Scéva, un Juif chef des prêtres.

L'esprit mauvais leur répondit : « Je connais Jésus et je sais qui est Paul ; mais vous, qui êtes-vous ? »

Alors l'homme qui avait l'esprit mauvais en lui se jeta sur eux, les maîtrisa tous et les maltraita de telle sorte qu'ils s'enfuirent de cette maison nus et blessés.

Cela fut connu de tous les habitants d'Ephèse, juifs et non juifs; la crainte s'empara de tous et on célébrait la grandeur du nom du Seigneur Jésus.

Beaucoup de croyants venaient reconnaître publiquement ce qu'ils avaient fait.

Un grand nombre de ceux qui avaient pratiqué la magie apportèrent leurs livres et les brûlèrent devant tout le monde. On en estima la valeur à 50'000 pièces d'argent.

C'est ainsi que la parole du Seigneur se propageait et gagnait en puissance.

Souvenez-vous que tout le monde ne peut pas faire partie d'une équipe de libération, car chaque partie du Corps du Christ a une fonction différente, ici les membres de l'équipe font face à une situation d'extrême gravité, d'où l'importance de l'autorité et de la sainteté permanente et quotidienne.

Il faut bien comprendre que la puissance du sang de Jésus nous offre une nouvelle vie libre en nous faisant enfant de Dieu.

ROMAINS 6:6-13 LSG

Nous savons que notre vieil homme a été crucifié avec lui afin que le corps du péché soit réduit à l'impuissance et qu'ainsi nous ne soyons plus esclaves du péché.

En effet, celui qui est mort est libéré du péché.

Or, si nous sommes morts avec Christ, nous croyons que nous vivrons aussi avec lui, car nous savons que Christ ressuscité ne meurt plus ; la mort n'a plus de pouvoir sur lui.

Christ est mort, et c'est pour le péché qu'il est mort une fois pour toutes ; maintenant qu'il est vivant, c'est pour Dieu qu'il vit.

De la même manière, vous aussi, considérez-vous comme morts pour le péché et comme vivants pour Dieu en Jésus-Christ [notre Seigneur].

Que le péché ne règne donc plus dans votre corps mortel pour vous soumettre à lui par ses désirs.

Ne mettez plus vos membres au service du péché comme des instruments de l'injustice, mais au contraire livrez-vous vous-mêmes à Dieu comme des morts revenus à la vie et mettez vos membres à son service comme des instruments de la justice.

Il faut clarifier une chose, la puissance que nous détenons pour chasser les démons ne vient pas de nous mais uniquement du pouvoir du sacrifice qu'à accompli Jésus sur la Croix du Calvaire avec son sang précieux qu'il a versé pour nous tous. C'est pour cela qu'il faut rester humble car sans le pouvoir de Dieu nous ne sommes rien.

Il faut être conscient d'une chose importante, nous naissons seulement avec une âme et un corps. Ensuite, lorsque nous l'acceptons, Jésus met en nous son Esprit-saint, c'est notre deuxième naissance (Jean 3)

Rappelez-vous que Satan et ses démons viennent uniquement pour tuer, voler et détruire et c'est pour cette raison qu'ils restent illégalement et qu'il est impératif de les chasser constamment de notre âme (oppressions, dépressions etc..) et de notre corps (maladies).

Il est important de préciser que seuls les Chrétiens croyants peuvent être libérés car en croyant en la liberté donnée par le Christ, ils acceptent de vivre selon les lois de la Parole de Dieu. Accepter Jésus comme notre sauveur et salvateur est la chose la plus importante. La libération des démons n'est qu'un des résultats de l'acceptation de Jésus. Libérer une personne non croyante et qui ne vivra pas selon les lois de Jésus ne sert à rien car les démons reviendront en plus grand nombre.

MATHIEU 12 : 43-45 LSG

Lorsqu'un esprit impur est sorti d'un homme, il va dans des endroits arides pour chercher du repos, et il n'en trouve pas. Alors il dit «Je retournerai dans ma maison, d'où je suis sorti » A son arrivée, il la trouve vide, balayée et bien rangée. Alors il s'en va prendre avec lui sept autres esprits plus mauvais que lui ; Ils rentrent dans la maison, s'y installent, et la dernière condition de cet homme est pire que la première, il en ira de même pour cette génération mauvaise.

Tous les chrétiens qui appartiennent au corps du Christ ont le droit à la liberté et au maintien de celle-ci. Satan n'a aucune autorité sur les enfants de Dieu.

MATHIEU 12 : 29-30 LSG

Ou encore, comment quelqu'un peut-il entrer dans la maison d'un homme fort et piller ses biens, s'il n'a pas d'abord attaché cet homme fort ? Alors seulement il pillera sa maison.

Celui qui n'est pas avec moi est contre moi, et celui qui ne rassemble pas avec moi disperse.

Dans Luc, on nous explique pourquoi le Seigneur Jésus est venu parmi nous.

LUC 4 :17-21 LSG

Et on lui remit le livre du prophète Esaïe. Il le déroula et trouva l'endroit où il était écrit :

L'Esprit du Seigneur est sur moi, parce qu'il m'a consacré par onction pour annoncer la bonne nouvelle aux pauvres ; il m'a envoyé [pour guerir ceux qui ont le cœur brisé, pour proclamer aux prisonniers la délivrance et aux aveugles le recouvrement de la vue, pour renvoyer libres les opprimés, pour proclamer une année de grâce du Seigneur.

Ensuite, il roula le livre, le remit au serviteur et s'assit. Tous ceux qui se trouvaient dans la synagogue avaient les regards fixés sur lui.

Alors il commença à leur dire : « Aujourd'hui cette parole de l'Ecriture, que vous venez d'entendre, est accomplie. »

11.2 Une nouvelle naissance.

JEAN 3 :1-8 LSG

Or, il y avait parmi les pharisiens un homme du nom de Nicodème, un chef des Juifs.

Il vint de nuit trouver Jésus et lui dit: « Maître, nous savons que tu es un enseignant envoyé par Dieu, car personne ne peut faire ces signes miraculeux que tu fais si Dieu n'est pas avec lui. »

Jésus lui répondit: « En vérité, en vérité, je te le dis, à moins de naître de nouveau, personne ne peut voir le royaume de Dieu. »

Nicodème lui dit : « Comment un homme peut-il naître quand il est vieux ? Peut-il une seconde fois entrer dans le ventre de sa mère et naître? »

Jésus répondit: « En vérité, en vérité, je te le dis, à moins de naître d'eau et d'Esprit, on ne peut entrer dans le royaume de Dieu.

Ce qui est né de parents humains est humain et ce qui est né de l'Esprit est Esprit.

Ne t'étonne pas que je t'aie dit: 'Il faut que vous naissiez de nouveau.'

Le vent souffle où il veut et tu en entends le bruit, mais tu ne sais pas d'où il vient, ni où il va. C'est aussi le cas de toute personne qui est née de l'Esprit. »

Naitre de nouveau c'est reconnaître Jésus-Christ comme notre unique Sauveur, et reconnaître que son sang versé sur la croix était suffisant pour rendre la vie dans l'esprit par la désobéissance d'un seul homme (Adam). Reconnaitre qu'il est mort en rémission de la multitude des péchés, nous offrant à travers son sacrifice et son obéissance la liberté et la salvation. En se livrant pour nous, il s'est glorifié et a triomphé du mal.

ACTES 2:38 LSG

Pierre leur dit: « Changez d'attitude et que chacun de vous soit baptisé au nom de Jésus-Christ pour le pardon de vos péchés, et vous recevrez le don du Saint-Esprit.

La salvation que nous offre Jésus est une grâce.

EPHÉSIENS 2:1-10 LSG

Quant à vous, vous étiez morts à cause de vos fautes et de vos péchés, que vous pratiquiez autrefois conformément à la façon de vivre de ce monde, conformément au prince de la puissance de l'air, de l'esprit qui est actuellement à l'œuvre parmi les hommes rebelles.

Nous tous aussi, nous étions de leur nombre: notre conduite était dictée par les désirs de notre nature propre, puisque nous accomplissions les volontés de la nature humaine et de nos pensées, et nous étions, par notre condition même, destinés à la colère, tout comme les autres.

Mais Dieu est riche en compassion. A cause du grand amour dont il nous a aimés,

nous qui étions morts en raison de nos fautes, il nous a rendus à la vie avec Christ – c'est par grâce que vous êtes sauvés –,

il nous a ressuscités et fait asseoir avec lui dans les lieux célestes, en Jésus-Christ.

Il a fait cela afin de montrer dans les temps à venir l'infinie richesse de sa grâce par la bonté qu'il a manifestée envers nous en Jésus-Christ.

En effet, c'est par la grâce que vous êtes sauvés, par le moyen de la foi. Et cela ne vient pas de vous, c'est le don de Dieu.

Ce n'est pas par les œuvres, afin que personne ne puisse se vanter.

En réalité, c'est lui qui nous a faits; nous avons été créés en Jésus-Christ pour des œuvres bonnes que Dieu a préparées d'avance afin que nous les pratiquions.

Cette nouvelle naissance nous fait devenir une nouvelle créature abolissant tout notre passé.

2 CORINTHIENS 5 :17-21 LSG

Si quelqu'un est en Christ, il est une nouvelle créature. Les choses anciennes sont passées ; voici, toutes choses sont devenues nouvelles.

Et tout cela vient de Dieu qui nous a réconciliés avec lui par [Jésus-] Christ et qui nous a donné le ministère de la réconciliation.

En effet, Dieu était en Christ: il réconciliait le monde avec lui-même en ne chargeant pas les hommes de leurs fautes, et il a mis en nous la parole de la réconciliation.

Nous sommes donc des ambassadeurs pour Christ, comme si Dieu adressait par nous son appel. Nous supplions au nom de Christ : « Soyez réconciliés avec Dieu !

[En effet,] celui qui n'a pas connu le péché, il l'a fait devenir péché pour nous afin qu'en lui nous devenions justice de Dieu. »

Sachant que notre esprit est vivant et uni à l'Esprit Saint pour nous guider jusqu'à notre salut à travers notre foi et espérance.

1 PIERRE 1:3-5 LSG

Béni soit Dieu, le Père de notre Seigneur Jésus-Christ! Conformément à sa grande bonté, il nous a fait naître de nouveau à travers la résurrection de Jésus-Christ pour une espérance vivante,

pour un héritage qui ne peut ni se détruire, ni se souiller, ni perdre son éclat. Il vous est réservé dans le ciel, à vous

qui êtes gardés par la puissance de Dieu, au moyen de la foi, pour le salut prêt à être révélé dans les derniers temps.

Maintenant, nous sommes le temple du Saint-Esprit.

1 CORINTHIENS 6 :19-20 LSG

Ne le savez-vous pas ? Votre corps est le temple du Saint-Esprit qui est en vous et que vous avez reçu de Dieu. Vous ne vous appartenez pas à vous-mêmes, car vous avez été rachetés à un grand prix. Rendez donc gloire à Dieu dans votre corps [et dans votre esprit qui appartiennent à Dieu.

Le Saint-Esprit nous guide dans toute la vérité.

JEAN 16 :7-15 LSG

Cependant, je vous dis la vérité : il vaut mieux pour vous que je m'en aille. En effet, si je ne m'en vais pas, le défenseur ne viendra pas vers vous ; mais, si je m'en vais, je vous l'enverrai

et, quand il sera venu, il convaincra le monde en ce qui concerne le péché, la justice et le jugement :

en ce qui concerne le péché, parce qu'ils ne croient pas en moi ;

la justice, parce que je vais auprès de mon Père et que vous ne me verrez plus ;

le jugement, parce que le prince de ce monde est jugé.

» J'ai encore beaucoup de choses à vous dire, mais vous ne pouvez pas les supporter maintenant.

Quand le défenseur sera venu, l'Esprit de la vérité, il vous conduira dans toute la vérité, car il ne parlera pas de lui-même, mais il dira tout ce qu'il aura entendu et vous annoncera les choses à venir.

Il révélera ma gloire parce qu'il prendra de ce qui est à moi et vous l'annoncera.

Tout ce que le Père possède est aussi à moi; voilà pourquoi j'ai dit qu'il prend de ce qui est à moi et qu'il vous l'annoncera.

Le Saint-Esprit en nous est l'héritage de notre libération

EPHÉSIENS 1 :13-14 LSG

En lui vous aussi, après avoir entendu la parole de la vérité, l'Evangile qui vous sauve, en lui vous avez cru et vous avez été marqués de l'empreinte du Saint-Esprit qui avait été promis. Il est le gage de notre héritage en attendant la libération de ceux que Dieu s'est acquis pour célébrer sa gloire.

11.3 Etre un disciple authentique du Christ.

Obéir à sa volonté première, remplir ses devoirs sociaux et économiques dans l'église, aimer les autres, perfectionner son amour.

JEAN 15:7-17 LSG

Si vous demeurez en moi et que mes paroles demeurent en vous, vous demanderez ce que vous voudrez et cela vous sera accordé.

Ce qui manifeste la gloire de mon Père, c'est que vous portiez beaucoup de fruit. Vous serez alors vraiment mes disciples.

» Tout comme le Père m'a aimé, moi aussi, je vous ai aimés. Demeurez dans mon amour.

Si vous gardez mes commandements, vous demeurerez dans mon amour, de même que j'ai gardé les commandements de mon Père et que je demeure dans son amour.

Je vous ai dit cela afin que ma joie demeure en vous et que votre joie soit complète.

» Voici mon commandement : aimez-vous les uns les autres comme je vous ai aimés.

Il n'y a pas de plus grand amour que de donner votre vie pour vos amis.

Vous êtes mes amis si vous faites ce que je vous commande.

Je ne vous appelle plus serviteurs parce que le serviteur ne sait pas ce que fait son seigneur, mais je vous ai appelés amis parce que je vous ai fait connaître tout ce que j'ai appris de mon Père.

Ce n'est pas vous qui m'avez choisi, mais c'est moi qui vous ai choisis, et je vous ai établis afin que vous alliez, que vous portiez du fruit et que votre fruit demeure. Alors, ce que vous demanderez au Père en mon nom, il vous le donnera.

Ce que je vous commande, c'est de vous aimer les uns les autres.

Comment un disciple du Christ est reconnu? Dans l'amour qu'il a pour son prochain.

JEAN 13 :34-35 LSG

Je vous donne un commandement nouveau : Aimez-vous les uns les autres. Comme je vous ai aimés, vous aussi, aimez-vous les uns les autres.

C'est à cela que tous reconnaîtront que vous êtes mes disciples: si vous avez de l'amour les uns pour les autres. »

Obéir à Dieu plutôt qu'aux hommes

ACTES 5:29-32 LSG

Pierre et les apôtres répondirent: « Il faut obéir à Dieu plutôt qu'aux hommes.

Le Dieu de nos ancêtres a ressuscité Jésus, que vous avez tué en le clouant sur le bois.

Dieu l'a élevé à sa droite comme Prince et Sauveur pour donner à Israël la repentance et le pardon des péchés.

Nous sommes témoins de ces événements, de même que le Saint-Esprit que Dieu a donné à ceux qui lui obéissent. »

11.4. Etre disposé à discerner et à l'écouter.

Soyez attentifs à la voix du Saint-Esprit, les enfants de Dieu ont cette capacité de Dieu à discerner ce qui se passe au moment de la libération.

1 JEAN 5:1-5 LSG

Quiconque croit que Jésus est le Messie est né de Dieu, et si quelqu'un aime un père, il aime aussi son enfant.

Nous reconnaissons que nous aimons les enfants de Dieu au fait que nous aimons Dieu et respectons ses commandements.

En effet, l'amour envers Dieu consiste à respecter ses commandements. Or, ses commandements ne représentent pas un fardeau,

puisque tout ce qui est né de Dieu remporte la victoire contre le monde, et la victoire qui a triomphé du monde, c'est votre foi.

Qui est victorieux du monde? N'est-ce pas celui qui croit que Jésus est le Fils de Dieu?

11.5. Membre actif du Corps du Christ présenté sous l'autorité spirituelle.

Le membre actif du corps du Christ ne peut exercer son autorité sur les démons sans être lui-même sous l'autorité spirituelle de Dieu (église, pasteur

ROMAINS 13 :1-10 LSG

Que chacun se soumette aux autorités qui nous gouvernent, car toute autorité vient de Dieu, et celles qui existent ont été établies par Dieu.

C'est pourquoi celui qui s'oppose à l'autorité résiste à l'ordre que Dieu a établi, et ceux qui résistent attireront une condamnation sur eux-mêmes.

En effet, on n'a pas à craindre les magistrats quand on fait le bien, mais quand on fait le mal. Veux-tu ne pas avoir à craindre l'autorité? Fais le bien et tu auras son approbation,

car le magistrat est serviteur de Dieu pour ton bien. Mais si tu fais le mal, sois dans la crainte. En effet, ce n'est pas pour rien qu'il porte l'épée, puisqu'il est serviteur de Dieu pour manifester sa colère en punissant celui qui fait le mal.

Il est donc nécessaire de se soumettre aux autorités, non seulement à cause de cette colère, mais encore par motif de conscience.

C'est aussi pour cela que vous payez des impôts, car les magistrats sont des serviteurs de Dieu qui s'appliquent entièrement à cette fonction.

Rendez à chacun ce qui lui est dû : l'impôt à qui vous devez l'impôt, la taxe à qui vous devez la taxe, le respect à qui vous devez le respect, l'honneur à qui vous devez l'honneur.

Ne devez rien à personne, si ce n'est de vous aimer les uns les autres, car celui qui aime les autres a accompli la loi.

En effet, les commandements: Tu ne commettras pas d'adultère, tu ne commettras pas de meurtre, tu ne commettras pas de vol, [tu ne porteras pas de faux témoignage,] tu ne convoiteras pas, ainsi que tous les autres, se résument dans cette parole : Tu aimeras ton prochain comme toi-même.

L'amour ne fait pas de mal au prochain; l'amour est donc l'accomplissement de la loi.

11.6. Connaitre la Parole de Dieu.

La parole de Dieu est l'épée avec laquelle on se défend dans cette guerre spirituelle qui est déclenchée. Toute création est soumise et doit obéir à la toute puissante Parole de Dieu.

On peut connaitre la volonté de dieu à travers sa parole.

JEAN 8:31-32 LSG

Alors il dit aux Juifs qui avaient cru en lui: « Si vous demeurez dans ma parole, vous êtes vraiment mes disciples, vous connaîtrez la vérité, et la vérité vous rendra libres. »

La parole de Dieu nous guide à travers toute notre vie.

JEAN 5:39 LSG

Vous étudiez les Ecritures parce que vous pensez avoir par elles la vie éternelle. Ce sont elles qui rendent témoignage à mon sujet,

2 TIMOTHÉE 3 :14-17 LSG

Quant à toi, tiens ferme dans ce que tu as appris et reconnu comme certain, sachant de qui tu l'as appris.

Depuis ton enfance, tu connais les saintes Ecritures qui peuvent te rendre sage en vue du salut par la foi en Jésus-Christ.

Toute l'Ecriture est inspirée de Dieu et utile pour enseigner, pour convaincre, pour corriger, pour instruire dans la justice, afin que l'homme de Dieu soit formé et équipé pour toute œuvre bonne.

La parole de Dieu, ce lait pur peut vous être directement révélée à travers le Saint Esprit.

1 PIERRE 2:1-5 LSG

Débarrassez-vous donc de toute méchanceté et toute ruse, de l'hypocrisie, l'envie et toute médisance,

et comme des enfants nouveau-nés désirez le lait pur de la parole. Ainsi, grâce à lui vous grandirez [pour le salut],

si du moins vous avez goûté que le Seigneur est bon.

Approchez-vous de Christ, la pierre vivante rejetée par les hommes mais choisie et précieuse devant Dieu,

et vous-mêmes, en tant que pierres vivantes, laissez-vous édifier pour former une maison spirituelle, un groupe de prêtres saints, afin d'offrir des sacrifices spirituels que Dieu peut accepter par Jésus-Christ.

11.7 Chercher la sainteté

Il est simple d'identifier un vrai chrétien, il suffit d'observer son style de vie. Le Saint-Esprit doit refléter en lui.

1JEAN 3 6-9

Ceux qui demeurent en lui, ne pèchent pas; Si quelqu'un pèche, il ne l'a pas vu et ne l'a pas connu. Petits enfants, que personne ne vous égare. Celui qui pratique la justice, est juste comme Christ lui-même est juste. Celui qui pratique le péché est du diable, car le diable pèche dès le commencement. Or, c'est pour détruire les œuvres du diable que le fils de Dieu est apparu. Quiconque est né de Dieu ne pratique pas le péché, parce que la semence de Dieu demeure en lui et il ne peut pas pécher parce qu'il est né de Dieu.

Imiter le Christ c'est essayer de faire tout ce qu'il a fait durant sa vie avec dévotion et amour pour les autres au point de renoncer à sa propre vie.

1 PIERRE 1 :13-16 LSG

C'est pourquoi, tenez votre intelligence en éveil, soyez sobres et mettez toute votre espérance dans la grâce qui vous sera apportée lorsque Jésus-Christ apparaîtra.

En enfants obéissants, ne vous conformez pas aux désirs que vous aviez autrefois, quand vous étiez dans l'ignorance.

Au contraire, puisque celui qui vous a appelés est saint, vous aussi soyez saints dans toute votre conduite.

En effet, il est écrit : Vous serez saints car moi, je suis saint.

Il faut vivre en accord avec ce que nous souffle le Saint-Esprit. C'est lui qui nous accompagne constamment.

ROMAINS 8 :6-16 LSG

De fait, la nature humaine tend vers la mort, tandis que l'Esprit tend vers la vie et la paix.

En effet, la nature humaine tend à la révolte contre Dieu, parce qu'elle ne se soumet pas à la loi de Dieu et qu'elle n'en est même pas capable.

Or, ceux qui sont animés par leur nature propre ne peuvent pas plaire à Dieu.

Quant à vous, vous n'êtes pas animés par votre nature propre mais par l'Esprit, si du moins l'Esprit de Dieu habite en vous. Si quelqu'un n'a pas l'Esprit de Christ, il ne lui appartient pas.

Et si Christ est en vous, votre corps, il est vrai, est mort à cause du péché, mais votre esprit est vie à cause de la justice.

Et si l'Esprit de celui qui a ressuscité Jésus habite en vous, celui qui a ressuscité Christ rendra aussi la vie à votre corps mortel par son Esprit qui habite en vous.

Ainsi donc, frères et sœurs, nous avons une dette, mais pas envers notre nature propre pour nous conformer à ses exigences.

Si vous vivez en vous conformant à votre nature propre, vous allez mourir, mais si par l'Esprit vous faites mourir les manières d'agir du corps, vous vivrez.

En effet, tous ceux qui sont conduits par l'Esprit de Dieu sont fils de Dieu.

Et vous n'avez pas reçu un esprit d'esclavage pour être encore dans la crainte, mais vous avez reçu un Esprit d'adoption, par lequel nous crions: « Abba Père! »

L'Esprit lui-même rend témoignage à notre esprit que nous sommes enfants de Dieu.

11.8. Etre appelé à servir Dieu.

J'ai ressenti cet appel au fur et à mesure de mes propres expériences d'auto-libération, Dieu Lui-même m'a choisi. Seul l'individu peut savoir et sentir cet appel.

Quand Dieu nous appelle à le servir, il nous remplit de son Esprit pour nous donner la sagesse, la compréhension et la révélation de faire ce qu'il nous a missionné.

EXODE 31:1-6 LSG

L'Eternel dit à Moïse:

« Sache que j'ai choisi Betsaleel, fils d'Uri et petit-fils de Hur, de la tribu de Juda.

Je l'ai rempli de l'Esprit de Dieu, d'habileté, d'intelligence et de savoir-faire pour toutes sortes de travaux.

Je l'ai rendu capable de faire des inventions, de travailler l'or, l'argent et le bronze,

de graver les pierres à enchâsser, de travailler le bois et de réaliser toutes sortes de travaux.

Je lui ai moi-même donné pour aide Oholiab, fils d'Ahisamac, de la tribu de Dan. J'ai mis de l'habileté dans l'esprit de tous les artisans pour qu'ils fassent tout ce que je t'ai ordonné:

Le don que Dieu vous donne ne peut pas être refusé, ni son l'appel, vous l'avez sans aucun doute dans votre cœur, c'est une certitude!

ROMAINS 11: 29 LSG

En effet, les dons et l'appel de Dieu sont irrévocables.

La meilleure façon de répondre à cet appel est de trouver des personnes dotées des mêmes dons et d'obéir à la Parole de Dieu (la plus haute autorité) révélée par le Saint-Esprit. Un des objectifs de cet appel c'est de venir en aide aux autres par amour de son prochain.

ROMAINS 8 :28-37 LSG

Du reste, nous savons que tout contribue au bien de ceux qui aiment Dieu, de ceux qui sont appelés conformément à son plan.

En effet, ceux qu'il a connus d'avance, il les a aussi prédestinés à devenir conformes à l'image de son Fils, afin que celui-ci soit le premier-né d'un grand nombre de frères.

Ceux qu'il a prédestinés, il les a aussi appelés; ceux qu'il a appelés, il les a aussi déclarés justes; et ceux qu'il a déclarés justes, il leur a aussi accordé la gloire.

Que dirons-nous donc de plus? Si Dieu est pour nous, qui sera contre nous?

Lui qui n'a pas épargné son propre Fils mais l'a donné pour nous tous, comment ne nous accorderait-il pas aussi tout avec lui ?

Qui accusera ceux que Dieu a choisis? C'est Dieu qui les déclare justes!

Qui les condamnera? [Jésus-]Christ est mort, bien plus, il est ressuscité, il est à la droite de Dieu et il intercède pour nous!

Qui nous séparera de l'amour de Christ? Serait-ce la détresse, l'angoisse, la persécution, la faim, le dénuement, le danger ou l'épée?

De fait, il est écrit: C'est à cause de toi qu'on nous met à mort à longueur de journée, qu'on nous considère comme des brebis destinées à la boucherie.

Au contraire, dans tout cela nous sommes plus que vainqueurs grâce à celui qui nous a aimés.

11.9. Intégrité totale.
Tout ce qui est mis en œuvre pour venir en aide à quelqu'un doit être fait en toute intégrité et dans la lumière.

1 TIMOTHÉE 3:8-13 LSG

Les diacres eux aussi doivent être respectables, n'avoir qu'une parole et ne pas s'adonner à la boisson ni être attirés par le gain.

Ils doivent garder le mystère de la foi avec une conscience pure.

Qu'on les mette d'abord à l'épreuve et qu'ils exercent ensuite leur ministère, s'ils sont sans reproche.

De même, les femmes doivent être respectables, non médisantes, sobres, fidèles en tout.

Les diacres doivent être fidèles à leur femme et bien diriger leurs enfants et leur propre maison.

En effet, ceux qui ont bien rempli leur service gagnent l'estime de tous et une grande assurance dans la foi en Jésus-Christ.

EPHÉSIENS 4:21-32 LSG

Si du moins c'est lui que vous avez écouté et si c'est en lui que vous avez été enseignés conformément à la vérité qui est en Jésus.

On vous a enseigné à vous débarrasser du vieil homme qui correspond à votre ancienne manière de vivre et se détruit sous l'effet de ses désirs trompeurs,

à vous laisser renouveler par l'Esprit dans votre intelligence

et à vous revêtir de l'homme nouveau, créé selon Dieu dans la justice et la sainteté que produit la vérité.

C'est pourquoi, vous débarrassant du mensonge, dites chacun la vérité à votre prochain, car nous sommes membres les uns des autres.

Si vous vous mettez en colère, ne péchez pas. Que le soleil ne se couche pas sur votre colère,

et ne laissez aucune place au diable.

Que celui qui volait cesse de voler; qu'il se donne plutôt la peine de travailler honnêtement de ses [propres] mains pour avoir de quoi donner à celui qui est dans le besoin.

Qu'aucune parole malsaine ne sorte de votre bouche, mais seulement de bonnes paroles qui, en fonction des besoins, servent à l'édification et transmettent une grâce à ceux qui les entendent.

N'attristez pas le Saint-Esprit de Dieu, par lequel vous avez été marqués d'une empreinte pour le jour de la libération.

Que toute amertume, toute fureur, toute colère, tout éclat de voix, toute calomnie et toute forme de méchanceté disparaissent du milieu de vous.

Soyez bons et pleins de compassion les uns envers les autres; pardonnez-vous réciproquement comme Dieu nous a pardonné en Christ.

Après la libération, nous devenons une nouvelle créature mais nous avons tendance à vouloir vivre comme avant, alors le Saint-Esprit nous aide à discerner le bon du mauvais et nousguide vers les bonnes attitudes à adopter.

11.10 L'humilité

L'humilité est une qualité de Jésus qui doit se refléter dans les enfants de Dieu, car Jésus a renoncé à son royaume dans les cieux pour venir vivre parmi nous par amour.

PHILIPPIENS 2:2-11 LSG

Rendez ma joie parfaite en vivant en plein accord. Ayez un même amour, un même cœur, une unité de pensée.

Ne faites rien par esprit de rivalité ou par désir d'une gloire sans valeur, mais avec humilité considérez les autres comme supérieurs à vous-mêmes.

Que chacun de vous, au lieu de regarder à ses propres intérêts, regarde aussi à ceux des autres.

Que votre attitude soit identique à celle de Jésus-Christ:

lui qui est de condition divine, il n'a pas regardé son égalité avec Dieu comme un butin à préserver, mais il s'est dépouillé lui-même en prenant une condition de serviteur, en devenant semblable aux êtres humains. Reconnu comme un simple homme,

il s'est humilié lui-même en faisant preuve d'obéissance jusqu'à la mort, même la mort sur la croix.

C'est aussi pourquoi Dieu l'a élevé à la plus haute place et lui a donné le nom qui est au-dessus de tout nom

afin qu'au nom de Jésus chacun plie le genou dans le ciel, sur la terre et sous la terre

et que toute langue reconnaisse que Jésus-Christ est le Seigneur, à la gloire de Dieu le Père.

Toutes les choses que Dieu veut auront lieu, cependant tout ce qui a lieu n'est pas toujours voulu de Dieu.

2 CORINTHIENS 12 :1-12 LSG

Faut-il se vanter ? Cela ne [m']est pas utile. J'en viendrai cependant à des visions et à des révélations du Seigneur.

Je connais un homme en Christ qui, il y a 14 ans, a été enlevé jusqu'au troisième ciel. Etait-ce dans son corps ou à l'extérieur de son corps, je l'ignore, mais Dieu le sait.

Et je sais que cet homme – était-ce dans son corps ou à l'extérieur de son corps, je l'ignore, mais Dieu le sait –

a été enlevé au paradis et a entendu des paroles inexprimables qu'il n'est pas permis à un homme de redire.

Je me vanterai d'un tel homme, mais de moi-même je ne me vanterai pas, sinon de mes faiblesses.

Si je voulais me vanter, je ne serais pas déraisonnable, car je dirais la vérité, mais je m'en abstiens afin que personne n'ait à mon sujet une opinion supérieure à ce qu'il voit en moi ou à ce qu'il entend de moi.

Et pour que je ne sois pas rempli d'orgueil à cause de ces révélations extraordinaires, j'ai reçu une écharde dans le corps, un ange de Satan pour me frapper et m'empêcher de m'enorgueillir.

Trois fois j'ai supplié le Seigneur de l'éloigner de moi,

et il m'a dit : « Ma grâce te suffit, car ma puissance s'accomplit dans la faiblesse. » Aussi, je me montrerai bien plus volontiers fier de mes faiblesses afin que la puissance de Christ repose sur moi.

C'est pourquoi je me plais dans les faiblesses, dans les insultes, dans les détresses, dans les persécutions, dans les angoisses pour Christ, car quand je suis faible, c'est alors que je suis fort.

J'ai été fou [en me vantant ainsi], mais vous m'y avez contraint. C'est par vous que j'aurais dû être recommandé, car je n'ai en rien été inférieur à ces super-apôtres, bien que je ne sois rien.

Les marques de mon ministère d'apôtre ont été produites au milieu de vous par une persévérance à toute épreuve, par des signes, des prodiges et des miracles.

11,11. Compassion.

Il est nécessaire d'œuvrer par amour avec un cœur sincère et un désir de voir libérer les enfants de Dieu et non pas par vanité ou pour de l'argent. Savoir reconnaitre que cela vient de Dieu et que c'est un immense privilège d'être un de ses instruments offrant la liberté.

COLOSSIENS 3:12-21 LSG

Ainsi donc, en tant qu'êtres choisis par Dieu, saints et bien-aimés, revêtez-vous de sentiments de compassion, de bonté, d'humilité, de douceur, de patience.

Supportez-vous les uns les autres et, si l'un de vous a une raison de se plaindre d'un autre, pardonnez-vous réciproquement. Tout comme Christ vous a pardonné, pardonnez-vous aussi.

Mais par-dessus tout cela, revêtez-vous de l'amour, qui est le lien de la perfection.

Que la paix de Christ, à laquelle vous avez été appelés pour former un seul corps, règne dans votre cœur. Et soyez reconnaissants.

Que la parole de Christ habite en vous dans toute sa richesse! Instruisez-vous et avertissez-vous les uns les autres en toute sagesse par des psaumes, par des hymnes, par des cantiques spirituels, chantez pour le Seigneur de tout votre cœur sous l'inspiration de la grâce.

Et quoi que vous fassiez, en parole ou en acte, faites tout au nom du Seigneur Jésus en exprimant par lui votre reconnaissance à Dieu le Père.

Femmes, soumettez-vous à votre mari comme il convient dans le Seigneur.

Maris, aimez votre femme et ne vous aigrissez pas contre elle.

Enfants, obéissez en tout à vos parents, car cela est agréable au Seigneur.

Pères, n'exaspérez pas vos enfants, de peur qu'ils ne se découragent.

Et Jésus dans sa vie d'homme, s'est humilié lui-même en obéissant jusqu'à sa mort sur la Croix.

11,12. Confidentialité et fiabilité.

La prudence, la discrétion et la confidentialité sont à considérer avec importance dans ce genre de mission basée sur la confiance où il est bien entendu interdit de divulguer ou d'exposer publiquement les informations transmises par les personnes libérées. Mais avec la permission de ces dernières on peut publier leur témoignage pour la Gloire de Dieu. On ne doit pas juger, condamner le pécheur.

11.13. Assurance et conviction du pouvoir que Jésus nous a ordonné d'exercer.

Lorsque Jésus a commencé a exercé son pouvoir sur les mauvais esprits, il l'a aussi transmit à ses disciples. Il est important de vous préciser que tous les disciples avaient reçu le Saint-Esprit même Judas Iscariote en qui Satan est entré. C'est pour cela que je vous rappelle l'importance capitale de rester toujours en alerte contre la tentation qui nous amène à pécher.

MATTHIEU 10:1-4 LSG

Puis Jésus appela ses douze disciples et leur donna le pouvoir de chasser les esprits impurs et de guérir toute maladie et toute infirmité.

Voici les noms des douze apôtres: le premier, Simon, appelé Pierre, et André, son frère; Jacques, fils de Zébédée, et Jean, son frère;

Philippe et Barthélémy; Thomas et Matthieu, le collecteur d'impôts; Jacques, fils d'Alphée, et [Lebbée, surnommé] Thaddée;

Simon le Cananite et Judas l'Iscariot, celui qui trahit Jésus.

Cette mission de libération était initialement destinée au captifs d'Israel.

MATTHIEU 10 :5-8 LSG

Ce sont les douze que Jésus envoya, après leur avoir donné les instructions suivantes: « N'allez pas vers les non-Juifs et n'entrez pas dans les villes des Samaritains.

Allez plutôt vers les brebis perdues de la communauté d'Israël.

En chemin, prêchez en disant: 'Le royaume des cieux est proche.'

Guérissez les malades, [ressuscitez les morts,] purifiez les lépreux, chassez les démons. Vous avez reçu gratuitement, donnez gratuitement.

Jésus envoya les disciples 2 par 2 dotés de son autorité sur les esprits impurs.

MARC 6:7-13 LSG

Alors il appela les douze et commença à les envoyer deux à deux, et il leur donna autorité sur les esprits impurs.

Il leur recommanda de ne rien prendre pour le voyage, sauf un bâton, de n'avoir ni pain, ni sac, ni argent dans la ceinture,

de chausser des sandales et de ne pas mettre deux chemises.

Puis il leur dit: « Si quelque part vous entrez dans une maison, restez-y jusqu'à votre départ.

Et si, dans une ville, les gens ne vous accueillent pas et ne vous écoutent pas, retirez-vous de là et secouez la poussière de vos pieds en témoignage contre eux. [Je vous le dis en vérité, le jour du jugement, Sodome et Gomorrhe seront traitées moins sévèrement que cette ville-là.] »

Ils partirent et prêchèrent en appelant chacun à changer d'attitude.

Ils chassaient beaucoup de démons, appliquaient de l'huile à beaucoup de malades et les guérissaient.

Jésus a choisi 70 personnes en plus de ses 12 disciples pour les envoyer en mission. Il leur a aussi donné l'autorité et leur a dit qu'il fallait continuer à prier pour qu'il y ait davantage d'ouvriers.

LUC 10:1 LSG

Après cela, le Seigneur désigna encore 70 autres disciples et les envoya devant lui deux par deux dans toutes les villes et dans tous les endroits où lui-même devait aller.

Il leur dit: « La moisson est grande, mais il y a peu d'ouvriers. Priez donc le maître de la moisson d'envoyer des ouvriers dans sa moisson.

Ces 82 élus ont eu de très grands résultats dans leur mission.

LUC 10:16-20 LSG

Celui qui vous écoute m'écoute, celui qui vous rejette me rejette, et celui qui me rejette rejette celui qui m'a envoyé. »

Les 70 revinrent tout joyeux et dirent : « Seigneur, même les démons nous sont soumis en ton nom. »

Jésus leur dit : « Je regardais Satan tomber du ciel comme un éclair.

Voici, je vous ai donné le pouvoir de marcher sur les serpents et les scorpions et sur toute la puissance de l'ennemi, et rien ne pourra vous nuire.

Cependant, ne vous réjouissez pas de ce que les esprits vous sont soumis, mais réjouissez-vous de ce que vos noms sont inscrits dans le ciel. »

La mission que Jésus a confié à tous ses disciples est de continuer à prêcher la Parole de Dieu pour l'éternité.

ROMAINS 11 :2-14 LSG

Dieu n'a pas rejeté son peuple, qu'il a connu d'avance. Ne savez-vous pas ce que l'Ecriture rapporte au sujet d'Elie, quand le prophète adresse à Dieu cette plainte contre Israël :

Seigneur, ils ont tué tes prophètes, ils ont démoli tes autels ; moi seul, je suis resté, et ils cherchent à m'enlever la vie ?

Mais quelle réponse Dieu lui donne-t-il? Je me suis réservé 7000 hommes qui n'ont pas plié les genoux devant Baal.

De même, dans le temps présent aussi, il y a un reste conformément à l'élection de la grâce.

Or, si c'est par grâce, ce n'est plus par les œuvres, autrement la grâce n'est plus une grâce. [Et si c'est par les œuvres, ce n'est plus une grâce, autrement l'œuvre n'est plus une œuvre.]

Qu'en est-il donc? Ce qu'Israël recherche, il ne l'a pas obtenu, mais ceux qui ont été choisis l'ont obtenu et les autres ont été endurcis.

Comme il est écrit, Dieu leur a donné un esprit de torpeur, des yeux pour ne pas voir et des oreilles pour ne pas entendre, jusqu'à aujourd'hui.

David aussi dit: Que leur table soit pour eux un piège, un filet, un obstacle et un moyen de punition!

Que leurs yeux soient obscurcis pour ne pas voir, fais-leur courber constamment le dos!

Je demande donc: « Serait-ce pour tomber que les Israélites ont trébuché? » Certainement pas! Mais grâce à leur faux pas, les non-Juifs ont eu accès au salut afin de provoquer leur jalousie.

Or, si leur faux pas a fait la richesse du monde et leur déchéance la richesse des non-Juifs, cela sera d'autant plus le cas avec leur complet rétablissement.

Je vous le dis, à vous qui êtes d'origine non juive: en tant qu'apôtre des non-Juifs, je me montre fier de mon ministère

afin, si possible, de provoquer la jalousie de mon peuple et d'en sauver quelques-uns.

MATTHIEU 28 :16-20 LSG

Les onze disciples allèrent en Galilée, sur la montagne que Jésus leur avait désignée.

Quand ils le virent, ils se prosternèrent [devant lui], mais quelques-uns eurent des doutes.

Jésus s'approcha et leur dit : « Tout pouvoir m'a été donné dans le ciel et sur la terre.

Allez [donc], faites de toutes les nations des disciples, baptisez-les au nom du Père, du Fils et du Saint-Esprit

et enseignez-leur à mettre en pratique tout ce que je vous ai prescrit. Et moi, je suis avec vous tous les jours, jusqu'à la fin du monde. »

C'est Paul qui commence à répandre l'Evangile à tous les peuples.

ACTES 22:17-21 LSG

» De retour à Jérusalem, comme je priais dans le temple, je suis tombé en extase et j'ai vu le Seigneur qui me disait : 'Dépêche-toi, sors rapidement de Jérusalem parce qu'ils n'accueilleront pas ton témoignage à mon sujet.'

J'ai répondu: 'Seigneur, ils savent bien que j'allais de synagogue en synagogue pour faire mettre en prison et fouetter ceux qui croyaient en toi.

De plus, lorsqu'on a versé le sang d'Etienne, ton témoin, j'étais moi-même présent, approuvant [son exécution] et gardant les vêtements de ceux qui le faisaient mourir.'

Alors le Seigneur m'a dit: 'Vas-y, car je t'enverrai au loin vers les non-Juifs.' »

Paul en tant qu' apôtre de Dieu, nous invite à imiter le Christ et ne pas juger les autres pour rien mais protéger notre cœur. Paul lui-même imitait Jésus.

11.14. Entretien spirituel, sagesse physique et émotionnelle dans la paix totale.

L'entretien spirituel: Dans la sainteté, la prière et la foi. L'entretien de la sagesse et de la connaissance, dans la crainte du Seigneur en reconnaissant son autorité absolue et son pouvoir. Avec la connaissance de Sa Parole, le pouvoir qu'il donne à ses ministres et le pouvoir de la Parole comme épée.

Physique: Avec l'usure du temps, l'énergie physique doit être calme, reposée et ne pas être dans la précipitation. Prendre son temps pour accomplir un travail et bien le faire. C'est pour cela qu'il faut bien dormir, bien manger et faire du sport.

Émotionnel: Reconnaitre que l'on appartient à Dieu et que le travail que l'on fait est pour lui. Etre conscient du rôle qu'il nous a confié tout en sachant que c'est LUI qui œuvre à travers nous.

Dans une paix totale, ne s'inquiéter de rien et se souvenir que Dieu garde le contrôle de tout.

2 CORINTHIENS 2 :9-15 LSG

Car je vous ai aussi écrit dans le but de savoir, en vous mettant à l'épreuve, si vousêtes obéissants à tout point de vue.

Or à qui vous pardonnez, je pardonne aussi; et si j'ai pardonné quelque chose à quelqu'un, je l'ai fait à cause de vous, en présence de Christ,

afin de ne pas laisser à Satan l'avantage sur nous, car nous n'ignorons pas ses intentions.

Quand je suis arrivé à Troas pour annoncer l'Evangile de Christ, bien que le Seigneur m'y ait ouvert une porte, je n'avais pas l'esprit en repos parce que je n'avais pas trouvé mon frère Tite.

C'est pourquoi j'ai pris congé d'eux et je suis parti pour la Macédoine.

Que Dieu soit remercié, lui qui nous fait toujours triompher en Christ et qui propage partout, à travers nous, le parfum de sa connaissance!

Nous sommes en effet pour Dieu la bonne odeur de Christ parmi ceux qui sont sauvés et parmi ceux qui périssent:

Reconnaissant la puissance de la Parole et le pourvoir de mon nouveau statut comme fils de Dieu dont l'autorité vient du Sang de Jésus.

HÉBREUX 4:12-13 LSG

En effet, la parole de Dieu est vivante et efficace, plus tranchante que toute épée à deux tranchants, pénétrante jusqu'à séparer âme et esprit, jointures et moelles; elle juge les sentiments et les pensées du cœur.

Aucune créature n'est cachée devant lui: tout est nu et découvert aux yeux de celui à qui nous devons rendre compte.

Croire en la puissance du Sang du Christ. Ma foi est le principal instrument pour la libération.

MATTHIEU 17:15-21 LSG

« Seigneur, aie pitié de mon fils qui est épileptique et qui souffre cruellement; il tombe souvent dans le feu ou dans l'eau.

Je l'ai amené à tes disciples et ils n'ont pas pu le guérir. »

« Génération incrédule et perverse, répondit Jésus, jusqu'à quand serai-je avec vous ? Jusqu'à quand devrai-je vous supporter? Amenez-le-moi ici. »

Jésus menaça le démon, qui sortit de l'enfant, et celui-ci fut guéri à partir de ce moment-là.

Alors les disciples s'approchèrent de Jésus et lui dirent en privé: « Pourquoi n'avons-nous pas pu chasser ce démon? »

« C'est parce que vous manquez de foi, leur dit Jésus. Je vous le dis en vérité, si vous aviez de la foi comme un grain de moutarde, vous diriez à cette montagne: 'Déplace-toi d'ici jusque-là', et elle se déplacerait; rien ne vous serait impossible.

Cependant, cette sorte de démon ne sort que par la prière et par le jeûne.

11, 15. N'ayez pas peur, reconnaissez l'autorité de Dieu.

N'ayez aucune crainte, rappelez-vous que celui qui est en vous est plus puissant que celui qui est dans le monde.

11.16. Avantages d'avoir une équipe de Libération.

1. Accomplissement totale de la mission confié par Jésus:
Oui, car la plupart des églises n'accomplissent qu'une partie de la mission « proclamer la bonne nouvelle » mais l'objectif de ce livre c'est de vous donner la capacité d'accomplir EN TOTALITE la mission.

JEAN 14:12 LSG

» En vérité, en vérité, je vous le dis, celui qui croit en moi fera aussi les œuvres que je fais, et il en fera même de plus grandes, parce que je vais vers mon Père.

JEAN 20:21 LSG

Jésus leur dit de nouveau: « Que la paix soit avec vous! Tout comme le Père m'a envoyé, moi aussi je vous envoie. »

2. L' Eglise doit être capable de vous apporter de toute l'aide nécessaire.

De nos jours, beaucoup de personnes cherchent partout des solutions à leurs problèmes en allant parfois chez des voyants, guérisseurs ou encore dans toutes ces nouvelles pratiques appelées « Energies » regroupant par exemple le yoga, la sophrologie, massage énergétiques etc... Il faut prendre conscience que toutes ces alternatives nous éloignent de la dépendance de Dieu. L'Eglise doit être la première capable de vous apporter cette aide.

3. Des croyants libres.
C'est une grande bénédiction que de pouvoir être libre de l'oppression démoniaque.

4. Des croyants spirituellement et physiquement sains.
Oui, être libre de ses oppressions démoniaques c'est ce que veut pour nous Jésus. Il nous donne l'autorité (dès que nous recevons la salvation) et le pouvoir (dès que nous recevons son Saint-Esprit).

5. Une expansion avec des signes et des prodiges.
Si l'on commence avec les bases que donne ce livre pour accompli r notre mission, au fur et mesure que nous la menerons, des signes et des prodiges nous combleront.

ACTES 5 :16 LSG

Une foule de gens accouraient aussi des villes voisines vers Jérusalem ; ils amenaient des malades et des personnes tourmentées par des esprits impurs, et tous étaient guéris.

11.17. Devoirs de l'équipe de libération.

1. Etre impérativement libre.
C'est sans exception toute personne qui libèrera devra avoir été libéré.

2. Avoir pour mission la libération.
Grâce à la révélation du Saint Esprit, chaque personne peut savoir et sentir s'il est missionné pour la libération. J'ai senti cet appel lors de mes propres expériences d'auto-libération, Dieu lui-même m'avait préparé.

3. Avoir un mariage sain
De préférence, marié, votre conjoint peut vous soutenir spirituellement lorsque des représailles des démons. Ma femme a été très utile.

4. Soyez prêt à mourir.
Il faut être prêt à donner sa vie par amour pour Dieu mais souvenez-vous que les démons ne peuvent pas nous ôter la vie comme ça.

5. Avoir des expériences de libération personnelles.
Ce point est très important, le Saint-Esprit utilise les attaques que nous recevons pour nous former, nous apprendre.

6. Apprendre à s'auto-libérer.
Il est recommandé d'apprendre très vite à s'auto-libérer car si vous êtes seul et que recevez une attaque (ce qui m'arrive

quotidiennement) vous devez être capable de faire une auto-libération instantanément.

7. L'importance de la mixité dans l'équipe.
Il faut rester vigilant et ne laisser aucune possibilité aux démons d'ouvrir une porte. Idéalement, l'équipe doit se composer de 2 ou 3 personnes avec 1 seule personne qui dirige l'évènement. Selon le nombre de fidèles et de l'oppression démoniaque on peut faire plusieurs groupes.

8. Qui peut-on sélectionner ?
Un leader qui a eu la révélation du Saint-Esprit.

9. Êtudier ce sujet.
Vous devez acheter de bons livres sur le sujet et bien sûr vous avez dans votre bibliothèque tous nos livres. Vous devez toujours les étudier et constamment vous enrichir sur le thème (conférences, expériences des autres,etc…). C'est pour cela que sur Cristo Libera, nous mettons une foule d'informations à votre disposition. Etre attentif à ce que Dieu vous révèle.

11.18. Etapes clés pour les personnes qui veulent être libre.

La préparation peut prendre du temps mais elle est la base de votre libération. Elle commence par le pardon, qui lui-même se présente en plusieurs étapes: Pardonner aux autres, demander pardon, accepter le pardon de Dieu mais aussi celui des autres et se pardonner à soi-même, ne pas pécher intentionnellement, jeûner avant la libération, avoir lu des livres de libération, c'est la clé. Si vous étudier la libération est plus facile d'être libéré et de la maintenir.

Il est très important de s'auto-libérer chaque jour pour maintenir votre liberté car Satan est comme un lion rugissant, attendant tout près de vous le moindre péché, le moindre écart qui lui permettra de rentrer dans la faille avec ses démons.

La personne libérée devra aider les autres à être libre, ce que l'on a reçu on doit le donner à notre tour. C'est le but de cet ouvrage que chaque homme choisi par Dieu, devra le remercier en libérant des captifs tout comme notre Seigneur Jésus nous a libéré en emportant tous nos péchés et malédictions sur la Croix du Calvaire. Chaque élu devra constituer une armée de soldats au service de Dieu laquelle fût rachetée par le Sang précieux de Jésus.

11.19 Combien de temps une libération?
C'est très varié, mais au maximum de 2 à 3 heures car c'est très fatigant y compris pour l'équipe de libération. Si nécessaire il faut attacher les esprits et on fixe une séance supplémentaire. Et dans ce cas on répète les mêmes étapes (confession, jeûner, prières, essayer de se souvenir de péchés anciens…)

11.20. Comment soutenir l'équipe de libération?
PRIER. On a besoin de beaucoup de prières, car cette partie de l'Eglise au service des autres est celle qui subit le plus d'attaques de Satan.

11.21. Lieux de libération.

I .Une pièce tranquille si possible meublée au moins pour permettre aux intervenants de s'assoir car cela peut durer des heures.Il faut éviter la fatigue physique.

II. De l'huile bénie.

III. Des rouleaux d' essuie-tout.

IV. De l'eau pour boire ou nettoyer en cas de vomissements.

V. Sacs plastique, poubelle.

VI. Crayons, cahiers pour prendre des notes, (informations, noms des démons etc…) c'est important pour les futures libérations.

11.22. Etape pour demander une libération.

I. contacter l'équipe.

II. Avoir pu le lire au moins un livre de libération. L'objectif étant de se familiariser avec la libération.

III. Remplir le formulaire de libération qui est dans le livre II.

IV. Confesser les péchés.

V. pardonner et demander pardon.

VI. Prendre rendez-vous.
11.23. Jour J! L'heure de libération est venue !

Je vais vous expliquer comment procéder normalement. Vous pouvez le modifier si vous le souhaitez. On commence toujours par demander que le Saint-Esprit de Dieu nous guide. Avant de venir à ce rendez-vous la personne a rempli le formulaire (celui qui est dans le livre), a renoncé à ses péchés, c'est-à-dire réorganiser sa vie avec Jésus-Christ, avec les autres et avec elle-même.

Puis vint le moment tant attendu ! Pour apaiser la nervosité et l'incertitude, la personne s'isolera à genoux pendant 15 à 30 minutes et demander pardon à dieu pour tous les péchés dont elle peut encore se souvenir. Pendant ce temps, l'équipe nettoiera spirituellement l'endroit (chasser les démons autour de la pièce).

11.24. Demander à l'Esprit-Saint.

Nous prions pour la protection, nous revêtons l'Armure de Dieu, nous nous couvrons avec le Sang de Jésus, y compris notre famille et tout ce que nous possédons nous demandons à l'Esprit Saint de nous guider.

Tous assis, le formulaire rempli à la main, on demande à la personne de fermer les yeux, ceci afin de ne pas se laisser distraire par quoi que ce soit. L'équipe ne doit pas fermer les yeux car elle doit garder à tout moment le contrôle sur les démons.

Il est très important de dire à la personne qui va être libérée qu'elle peut voir, entendre ou sentir des choses en elle!! Elle ne doit pas avoir peur mais dire à voix haute tout ce qui qui vient à l'esprit.

Nous commençons par expulser les démons générationnels, les péchés commis par la personne elle-même, nous détruisons toute la sorcellerie, tous les pactes et nous le chassons en leur ordonnant d'emporter les maladies causées par leur présence (prières dans le manuel). Il faut être très attentifs à ce que souffle le Saint-Esprit et suivre le questionnaire. Une fois cette étape terminée, la personne commence à être libérée. Nous faisons alors une pause de 5 à 10 mn pour écouter le ressenti de la personne.

La tête de l'équipe va prendre le contrôle et ordonner TOUJOURS au Nom de Jésus au démon du plus haut rang de se présenter à genoux devant le trône de Dieu. Si aucun démon ne se présente c'est que la personne a été libérée totalement dans la première partie. Dans ce cas on prie, on demande à Dieu de la remplir de l'Esprit-Saint puis on remercie Dieu pour cette libération.

Si un démon se présente, on commence par lui demander son nom, combien a-t-il de démons sous ses ordres, sa fonction, s'il y a des démons autour de la famille etc… Chaque réponse que le démon vous donne, il faut lui demander s'il peut soutenir cela devant le trône de Dieu, pour être certain qu'il ne nous trompe pas, ils sont menteurs. Ensuite, on peut les expulser avec tous leurs royaumes. Il faut les envoyer aux abîmes au Nom de Jésus.

On répète ce procédé jusqu'au dernier démon. Si l'on sent une résistance, on demande au démon le droit légal pour lequel il reste (vous pouvez lire les témoignages, et voir les vidéos sur Cristo Libera)

La dernière étape est de tous les expulser au Nom de Jésus de les envoyer aux abîmes toujours au Nom de Jésus. On demande à Dieu de remplir et remplir et remplir de son Saint-Esprit la personne qui vient d'être libérée. On remercie Dieu, on explique comment maintenir la libération avec les prières. On nettoie l'endroit.

Chaque libération est différente, il ne faut pas oublier que c'est Dieu qui la donne et on ne sait jamais comment il va procéder.

RECOMMANDATIONS :

Mais l'esprit malin leur répondit : Je connais Jésus, je sais qui est Paul mais vous qui êtes-vous ?

Les membres d'une telle équipe sont souvent qualifiés de personnes spéciales que l'on tend à exalter, mais ces personnes doivent rester humbles car il ne faut pas oublier que ce DON vient et appartient uniquement au pouvoir du sang sacré de Jésus versé sur la Croix du Calvaire.

Si quelqu'un est en Christ, il est une nouvelle créature. Les choses anciennes sont passées ; voici toutes choses sont devenues nouvelles.

Prenons soin de nous, de notre corps, de notre esprit car ils sont le temple du Saint-Esprit.

Jésus vous aime tout comme le Père l'a aimé alors demeurez dans son amour.

Nous reconnaissons que nous aimons les enfants de Dieu au fait que nous aimons Dieu et respectons ses commandements.

Demeurons dans la parole de Dieu et nous serons vraiment ses disciples.

Obéissons à la parole de Dieu.

Il faut rejeter le mensonge et ne parler qu'avec la vérité car maintenant nous avons une nouvelle vie en Jésus.

Tout ce que vous lierez sur la terre sera lié au ciel et tout ce que vous délierez sur la terre sera déliez dans le ciel.

12. COMMENT DETRUIRE LA SORCELLERIE ET LES ENVOUTEMENT LES PLUS COMMUNS.

La sorcellerie et les envoûtements sont des malédictions lancées à travers des prières, des conjurations ou paroles dites. Elles sont envoyées par le biais d'objets ou autre envers une personne ou un animal. Ceux qui vont exécuter ces malédictions ce sont des démons.

Dans mon expérience en libération, j'ai rencontré beaucoup de gens ensorcelés. Approximativement, 98 % des personnes que Jésus-Christ a libérés à travers ce ministère, étaient victimes de sorcellerie. Une pratique très courante d'occultisme.

Beaucoup de personnes utilisent comme arme cette pratique en vue de faire du mal, recherchant la personne qui saura faire de la sorcellerie.

Les envoûtements les plus communs que j'ai rencontré sont ceux réalisés par le biais de photos, poupées, nourriture, boissons, vêtements, poudre, parfums, pactes, terre de cimetière, promesses, sacrifices d'animaux , etc…

Par conséquent, vous devez être très prudent; Un chrétien ne peut être ensorcelé car Dieu prend soin de lui mais cela ne veut pas dire qu'on ne peut pas lui envoyer de malédictions. Les démons ne peuvent entrer mais tournent autour de la personne. Si la personne ouvre la porte au péché, alors la malédiction ou l'envoûtement l'atteindra et les démons envoyés pourront accomplir leur mission. Se reporter ci-dessous aux témoignages et processus de libération du livre.

Toute malédiction ou envoûtement peut être annulé et détruit par Jésus Christ.

Ci-dessous, je vais vous présenter les prières ou moyens que j'utilise personnellement pour libérer les gens de la sorcellerie.

12.1 A travers des photos et des poupées avec des épingles ou aiguilles.

C'est le plus courant, dans toutes mes campagnes de libération massives et personnelles, je détruis au Nom de Jésus les envoûtements réalisés à travers ces méthodes. Généralement, les personnes sentent le moment où sont éliminées les aiguilles.

Témoignages

Je me souviens d'un cher membre de notre famille qui souffraient de douleurs et qui allait très souvent aux urgences de l'hôpital. Elle croyait très peu dans la libération malgré qu'elle ait regardé certaines émissions en direct. Après deux mois, elle a accepté un balayage (c'est comme cela que je l'appelle) pour voir s'il y avait quelque chose là. Elle pleurait de peur et de douleur quand j'ai commencé à détruire la sorcellerie et à enlever les aiguilles. Elle sentait les aiguilles sortir de son bras, sa tête et de tout son corps. Merci à Jésus-Christ qui l'a libéré et à partir de ce moment toutes les douleurs ont disparu. Elle était victime de sorcellerie. Je suis en contact avec elle depuis ce temps et elle n'a plus jamais eu de douleurs ni migraines. GLOIRE A JESUS.

Presque toujours, après les libérations massives que je réalise dans les églises, beaucoup de gens m'approchent et me disent qu'ils sentaient lorsque les aiguilles sortaient de leur corps. Et leur mal-être s'arrêtait lorsque la sorcellerie avec les aiguilles était détruire.

Sur mon site www.cristolibera.org vous pouvez trouver ces témoignages.

Prière pour détruire la sorcellerie faite sur des photos, ou des poupées avec des épingles.
Au Nom de Jésus, j'envoie l'épée qui est la Parole de Dieu là où se trouvent ces photos ou poupées. Je les attrape et les mets dans un lieu propre et saint. Au nom de Jésus, je retire toutes les aiguilles ou les épingles de sa tête, de sa gorge, de sa bouche, de son, de ses bras, de sa poitrine, de son cœur, de son estomac, de ses parties intimes, de ses genoux, de ses jambes, de ses mains, de ses pieds et de tout son corps. Je ne laisse aucune aiguille. Voilà! VOUS N'AVEZ AUCUNE AIGUILLE!

Maintenant, au Nom de Jésus, je supprime tous les liens, toutes les chaines, les terres de cimetière, et tout ce qu'ils ont mis sur lui. Maintenant, au Nom de Jésus, j'annule et je détruis toutes les prières, les sorts, les paroles de malédiction qui ont été faits. Voilà ! TOUT EST ANNULE !

Maintenant, au Nom de Jésus, je bénis cette photo et cette poupée. Au Nom de Jésus, j'annule, je brise et je détruis toute relation entre cette poupée ou photo (et vous ou telle personne) ! JE CASSE ET J'ANNULE LA SORCELLERIE ! Démons de sorcellerie, tout est terminé ! MAINTENANT AU NOM DE JESUS DEHORS, DEHORS, VOUS N'AVEZ ANCUN DROIT LEGAL, DEHORS !!

12.2. Sorcellerie sur la nourriture ou les boissons.

C'est une forme de sorcellerie aussi très courante. Si vous suspectez quelqu'un alors n'acceptez rien venant de sa part.

Témoignage : On m'a parlé du cas d'Elvira (le nom a été changé), malade depuis 12 ans. Elle avait des tâches sur tout le corps, les pieds recouverts de coupures et de sang. Elle devait dormir à même le sol, pas dans le lit et quand elle sortait elle devait le faire en cachette de son époux.

Quand on m'en a parlé, je l'ai immédiatement contacté par téléphone. Elle vit dans un autre pays et comme vous le savez bien je vis aux Etats Unis. Mais pour Dieu, rien n'est impossible, la distance n'a pas d'importance !

Pendant sa libération, le démon a été démasqué et a avoué. Il a dit qu'il s'appelait Maria Lionza. Un démon bien connu au Vénézuela, présent dans cette femme par la sorcellerie. Il a été envoyé par un jus de fruit de maracuja que la voisine a donné à Elvira. Une fois dans Elvira, il a commencé sa destruction en la rendant malade.

Heureusement Elvira est croyante, elle a pu se libérer de ce démon et de cette maladie.

Prière pour détruire la sorcellerie faite sur les aliments ou les boissons.
GLOIRE A JESUS CHRIST A TRAVERS QUI NOUS AVONS TOUTES LES BENEDICTIONS POUR ETRE LIBRE.

AU NOM DE JESUS! Je romps et j'annule tous les sorts, prières et paroles de malédiction que ont été faits sur la nourriture ou la boisson que j'ai (ou telle personne) ingéré.

VOILA ! TOUT EST ANNULE ! Et maintenant au Nom de Jésus, je bénis cette nourriture et cette boisson.

VOILA ! LA SORCELLERIE A ETE BRISEE ET ANULEE ! Par conséquent, démons de sorcellerie DEHORS DEHORS vous n'avez aucun droit légal, aucune permission. Je vous envoie tous aux abîmes au Nom de Jésus! DEHORS DEHORS AU NOM DE JESUS DEHORS !

12.3 Sorcellerie à travers les vêtements, cheveux, poils, ongles, parfums, poudres, nom et prénom.

Toujours aussi fréquente, soyez très prudent avec les cadeaux que l'on vous offre, à ce que vous faites, où vous marchez, à ne pas perdre vos vêtements. J'ai rencontré beaucoup de gens hantés à cause de ces pratiques.

Témoignage :
Comme vous le savez bien, nous avons des milliers de vidéos de libération en ligne sur internet, grâce auxquelles, via un lien les personnes peuvent communiquer avec ce ministère. L'une d'entre elles, une jeune mexicaine s'appelant Rosalba m'a contacté. Elle m'a raconté son histoire tragique, son histoire de souffrances. En 6 ans, elle a tenté de se suicidé à 7 reprises. Une fois de plus, elle avait pris 90 pilules d'antidépresseur et s'était coupé les veines.

Dans son récit, via internet, elle m'a raconté avoir perdu beaucoup de sous-vêtements; Quand elle me racontait cela, je voyais bien que cela la rendait malade, alors je lui ai suggéré une petite libération, puis nous avons continué un autre jour.

Elle accepta immédiatement, la première et seule chose que je fis ce jour là, était d'annuler la sorcellerie faite sur ses vêtements. Automatiquement, les démons sont apparus travers des vomissements. Une fois chassés, elle était libre ! GLOIRE A JESUS CHRIST ! Son visage a changé et même son appétit. Puis un autre jour, nous avons continué avec la libération.

Prière
Au nom de Jésus, j'annule et je romps toutes conjurations, prières ou paroles de malédiction qui ont été faites sur ces vêtements, ongles, cheveux, poils, parfums, poudre, noms et prénoms. TOUT EST FINI DEMONS DE SORCELLERIE ! DEHORS AU NOM DE JESUS DEHORS DEHORS !

12.4 Sorcellerie avec des pactes de sang, ou autres pactes démoniaques.
A travers les sacrifices d'animaux, d'êtres humains, en utilisant leur sang pour sceller ces pactes. Cette forme de sorcellerie est aussi très fréquente et peut être réalisée avant même que la personne soit née; La personne nait avec un démon lequel a été envoyé par un de ces ancêtres. C'est pour cela qu'il CAPITAL de faire une libération profonde.

Témoignage de libération de pactes.
Je vais vous parler du dernier cas que j'ai rencontré à ce sujet. Cette personne avait été promise par son propre père. En fait, son père n'était pas chrétien et pratiquait la sorcellerie. Le démon ne voulait pas partir le père avait offert son fils avec un pacte de sang. Une fois, le démon confronté au pacte de sang de Jésus, il a reconnu que son pacte était inférieur au pacte de Jésus qu'il connait très bien, et de cette façon il a été libéré.

Prière

AU NOM DE JESUS j'annule tous les pactes démoniaques qui ont été réalisés à travers de sacrifices d'animaux, chats, chiens, humains ou quelque animal ou pacte que ce soit. Tout se retrouve annulé par le pacte du sang de Jésus versé sur la Croix du Calvaire. Ce pacte celui du sang de Jésus est plus puissant que tous les pactes sataniques. Alors dehors les démons ! Dehors au Nom de Jésus. DEHORS DEHORS ! Vous n'avez aucun droit légal, aucune permission ! Dehors au Nom de Jésus !

Prière pour détruire toute forme de sorcellerie que ce soit !
Cette prière se fait en dernier. Après toutes les précédentes, dans le cas où il resterait sur la personne de la sorcellerie qu'il faille annuée.

AU NOM DE JESUS J'ANNULE,JE CASSE ET JE DETRUIS TOUTE LA SORCELLERIE, TOUTES LES PRIERES, LES CONJURATIONS MALEFIQUES, rituels de sang, macumbas, santerias QUI ONT ETE FAITES SUR MOI OU (NOMMEZ LA PERSONNE)

VOILA ! TOUT EST ANNULE, DETRUIT ! Maintenant démon de sorcellerie ! DEHORS ! Vous n'avez aucun droit légal, ni aucune permission, sur moi! La sorcellerie est annulé! VOTRE TRAVAIL EST TERMINE, DEHORS AU NOM DE JESUS, DEHORS, DEHORS!

* Macumba (mélange de magie noire et blanche afro-brésilienne)

* Santéria (sorcellerie cubaine déguisée)

12.5. Envoûtements les plus communs.
La plus courante est celle utilisée pour attirer un être aimé, généralement pour faire venir à soi un époux, une épouse, des amis etc… Une autre forme, pour détruire les entreprises, les familles, pour que le mari quitte sa femme et parte avec quelqu'un d'autre, pour nuire aux relations sexuelles, pour les maladies… Assurez-vous que l'on peut vous faire de la sorcellerie pour beaucoup que vous ne l'imaginez, le plus triste c'est que les démons envoyés restent de générations en générations jusqu'au jour où quelqu'un réussisse avec le pouvoir et au Nom de Jésus à les expulser.

Important: En raison de l'importance de ce thème, nous allons étendre le sujet dans le livre libérez-vous de la sorcellerie.

A retenir:

Beaucoup de personnes sont victimes de sorcellerie

98 % environs des personnes que Jésus-Christ à libéré à travers ce ministère, étaient victimes de sorcellerie.

Toutes les malédictions et envoûtements peuvent être annulés et détruits par Jésus-Christ

Pour Dieu, rien n'est impossible, peu importe la distance.

13. TEMOIGNAGES ET PROCESSUS DE LIBÉRATION

Dans ce chapitre, vous aurez en particulier des témoignages et le développement de chacun. Analysez les questions et la façon dont je parle au démon, afin que vous puissiez vous familiariser avec et ainsi vous en servir pour combattre l'ennemi ou aider une personne à être libre.

13.1. Libre de la dépression chronique, des crises de panique, de la colère, de la haine, de l'asthme et douleurs.

Voici le témoignage de Maria. (Nom modifié), c'était l'une des libérations les plus fortes et les plus difficiles que j'ai eu, parce que je commençais juste avec le ministère et je ne savais rien à propos de cette jeune femme, elle est venue à moi et le démon s'est manifesté fortement, prenant le contrôle de son corps, et ce qui rendait les choses encore plus difficiles, le démon ne parlait ni espagnol ni anglais, mais un dialecte étrange. C'était un démon africain qui ne voulait pas partir malgré mon insistance. Merci à Dieu qui nous a guidé et permis au démon d'écrire, nous informant ainsi sur ses droits légaux. Ensuite elle a pu se confesser, renoncer aux péchés et demander pardon au Seigneur, ce qui lui a permis d'être libre. Le problème c'est que cette fille était chrétienne et elle avait demandé à une sorcière de l'aider, elle et son petit ami. Gloire a Jésus-Christ pour son grand amour et son pouvoir de nous libérer des forces de l'ennemi.

Voici son témoignage:

Bonjour, mon nom est Maria. Aujourd'hui on est au mois d'Août, vers 5h de l'après-midi, je suis très heureuse parce que ça fait environ 3 semaines que je suis libérée et très heureuse de partager mon témoignage avec vous :

Avant ma libération, j'étais désorientée, perdue, sans espoir et sans FOI. Je ne savais pas ce qu'était l'espoir, la FOI, l'amour ou la paix, du moins pas depuis petite. Cela faisait beaucoup de temps que je n'avais pas ressenti la paix au sein de ma maison, avec ma famille, avec les autres etc…

Maintenant, je ressens la paix intérieure, je n'ai plus peur de l'obscurité, ni de la nuit, ni de ces choses étranges qui me sont arrivées avant, et dont beaucoup de gens souffrent. J'avais l'habitude de penser que c'était seulement moi, mais maintenant que j'ai ouvert les yeux et j'ai cherché de l'aide, je sais qu'il y a beaucoup de gens comme moi qui ont été libérés grâce à Jésus-Christ, et ils ressentent la même paix que moi. Eh bien, je vais vous dire comment j'étais avant, parce que je ne le suis plus.

- Pasteur: C'est intéressant, car vous étiez une chrétienne qui aimait Dieu. Et pourtant, vous aviez ces problèmes, c'est vrai ça?

- María: Oui

-Pasteur: Pourquoi vous êtes-vous décidée à demander de l'aide ? Qui vous a convaincu qu'il fallait chercher de l'aide ?

- María: Eh bien, un jour comme les autres, je pleurais parce que j'étais déprimée, c'était ma routine à l'époque; Je passais beaucoup de temps à pleurer, c'était horrible. Pour être honnête, je passais presque toute la journée à pleurer, si j'étais éveillée 5 heures, j'en passais trois à pleurer, c'était comme ça ma vie. Puis un jour, un ami est venu à mon travail, et m'a parlé du Seigneur, il est venu me dire que je fanais... j'ai commencé à pleurer car ce qu'il me disait me touchait, il m'a serré très fort dans ses bras en promettant de m'aider. A partir de ce moment là, j'ai commencé à suivre des séances de développement personnel, mais j'ai surtout trouvé de l'aide dans le Seigneur avec Dieu où je me suis réfugiée. Ces séances m'ont beaucoup aidée mais cela ne remplissait pas mon cœur ce n'est pas ça que je voulais...

Rien ne me remplissait, mon ami était désespéré de me voir si mal; un jour j'étais bien l'autre j'étais mal, c'était comme ma vie, pleine de peurs, de soucis, j'avais toujours peur, même d'être bien.

Après la libération, je me sentais très bien, mais un peu bizarre, parce que je ne m'était pas senti en paix avec moi-même depuis longtemps, puis je suis allée à un camp chrétien merveilleux.

- Pasteur: María, à propos de la libération, de combien de démons Dieu vous a libéré?

-María: De six, j'avais un démon depuis longtemps, mais on ne pouvait pas le comprendre, parce qu'il n'était pas capable de parler espagnol.

- Pasteur: Oui, c'était un démon dont la langue n'était ni l'espagnol ni l'anglais, il parlait une langue africaine, il était africain, je dis cela parce que j'étais là avec vous et le démon ne pouvait pas communiquer avec nous, nous lui avons fait écrire dans sa langue, mais il a écrit un nom étrange. L'important ici c'est que notre Seigneur Jésus Christ a libéré María, maintenant María est une nouvelle femme au Seigneur.

- María : Oui, heureuse et c'est ainsi que Dieu veut nous voir.

Même si nous sommes chrétiens, nous aurons toujours des attaques démoniaques, mais nous avons le pouvoir de les chasser avec la Parole de Dieu. Nous pouvons être libres.

- Pasteur: Dans votre cas, que recommandez-vous en tant que jeune femme? Que proposez-vous pour les gens de votre âge, plus jeunes, plus âgés? S'ils sentent quelque chose d'étrange dans leur corps, que leur comportement n'est pas normal, s'ils estiment qu'il y a quelque chose de surnaturel en eux qui pourrait les affecter négativement. Vous, que leur diriez-vous? Les encouragerez-vous à demander de l'aide? A faire une libération? Que leur diriez-vous?

-María : Bien sûr je les encourage à chercher des gens qui ont des connaissances en libération s'ils veulent être libres, bien sûr nous devons aller à l'église, mais ce que je leur dis aussi c'est que tout ce qu'ils ont vécu pendant toutes ces années de souffrances, avec la libération, ils vont s' en débarrasser.

Pour moi, il a fallu environs deux heures, c'est incroyable ce qui s'est passé ce jour là, ce que vous avez vécu pendant de nombreuses années, part en une seule journée... c'est merveilleux, c'est beau parce que je sais qu'à partir de ce moment, toute ma vie a changé et elle continuera à changer, et ça ira de mieux en mieux. Je ne vais plus souffrir, Je remercie le Christ pour ça et tout ce que je fais, je le fais pour honorer le Christ qui est mon sauveur.

- Pasteur : Ok, merci beaucoup, María, ce que nous faisons est d'étendre le royaume de Dieu, permettez-vous que nous mettions cette vidéo sur YouTube? Ainsi, d'autres personnes peuvent bénéficier de ce témoignage, que la puissance de Dieu, la puissance de Jésus-Christ est énorme, c'est puissant, mais il y a toujours des démons qui nous tourmentent, même au sein des chrétiens, OK? Vous nous autorisez à mettre cette vidéo sur YouTube?

- María : Oui, bien sûr, je veux partager avec vous quelque chose de plus, je ne souriais pas avant, pourtant j'étais très actif quand j'étais petite fille, en d'autres termes, je passais toutes les journées à faire de bonnes choses, j'étais très joyeuse, tout était positif. Puis, je suis devenue tout le contraire, j'étais devenue super négative... Mais aujourd'hui, je suis à nouveau positive, je souris tout le temps, c'est incroyable ce qui m'est arrivé.

- Pasteur : Gloire à Jésus-Christ et honneur à Lui. Que Dieu vous bénisse, María, Honneur et gloire à Notre Seigneur Jésus-Christ. Amen.

13.2. Processus de libération de l'accord "La Peau de Chagrin".

Auteor: Roger D. Muñoz

Analysez ce processus.

Satan utilise n' importe quelle méthode pour détruire l'être humain et les moyens d'informations n'y échappent pas… parmi eux les infos, les séries télévisées, les romans... Etc. Dans cette libération, nous pouvons voir clairement comment une personne est libérée d'un démon entré à travers la prière d'un pacte en lisant le roman «la Peau de Chagrin». Je précise que je n'ai jamais vu ou entendu parler de ce roman. Cette personne, lorsqu'elle était enfant a vu et répété ce pacte en toute innocence, à partir de ce moment, le démon est entré dans son corps à l'aide de ce pacte et a commencé son travail.

Dans ce cas, le démon s'est manifesté par la parole. Voici la libération:

Processus de libération et témoignage

- Roger: Démon, quel est votre nom?

- Démon: Laissez-moi tranquille.

- Roger: Quel est votre nom?

- Démon: Laissez-moi tranquille.

- Roger: Vous avez le droit d'être ici?

- Démon: Oui.

- Roger: Lequel?

- Démon: Il a fait un pacte

- Roger: Quel pacte?

- Démon: Il a fait un pacte

- Roger: Lequel?

- Démon: la peau de Chagrin.

- Roger: Expliquez-vous!

- Démon: Il a lu l'histoire de la peau de chagrin où des pactes avec le diable sont faits, il a fait le même accord, il ne savait pas ce qu'il faisait, le même pacte que dans le roman « la peau de Chagrin », il l'a fait, et vous ne pouvez pas le briser, hahaha (rires).

- Roger: Qu'est-ce qu'il a demandé?

- Démon: Il a tout demandé, tout, toutes les choses ... tout, tout, tout, c'était un enfant; un enfant catholique ... hahaha (rires).

-Roger: Ce que vous avez dit, pouvez-vous le confirmer devant le trône du Seigneur Dieu?

- Démon: Bien sûr que je peux. C'est vrai, c'est vrai. Il le sait, il le sait.

- Roger: Vous avez raison, si vous êtes ici, c'est parce que vous avez raison, un pacte est un pacte, c'est votre droit.

- Démon: Alors, pourquoi me demandez-vous? Laissez-moi tranquille, je vais retourner dans mon trou.

- Roger: Non, vous n'y retournez pas. Au nom de Jésus, pas encore. Comment lui faites-vous mal?

- Démon: Je ne suis pas là pour lui faire du mal; Je suis celui qui lui a tout donné.

- Roger: Un pacte est un pacte et il faut toujours être fidèle aux pactes et vous le fait comme vous l'avez dit. Vous êtes ici pour accomplir.

- Démon: Oui, je lui ai donné tout, il est intelligent, HAHAHA.

- Roger: Ah oui, la peau de chagrin, au nom de Jésus, vous partez tandis que je parle avec Pedro. J'appelle l'esprit humain de Pedro, Pedro sors.

- Démon: Je vais retourner dans mon trou.

- Roger: Oui, allez. Pedro, avez-vous entendu ce que le démon a dit?

- Pedro: Oui, je l'ai fait. Mais j'étais un enfant; Je ne me souviens de rien, c'était juste un roman.

- Roger: demandez pardon à Dieu au Nom de Jésus pour ce pacte et renonce à lui. Dites-au démon que le pacte avec le sang de Jésus, qui a été fait sur la Croix du Calvaire est suffisant pour annuler le pacte que vous avez fait.

- Pedro s'est confessé.

- Roger: Démon, avez-vous entendu cela?

- Démon: c'est aussi facile que ça? Hein?

- Roger: Un pacte est un pacte et il faut être toujours fidèle aux pactes. Le pacte de mon Seigneur Jésus-Christ annule le vôtre! Vous entendez?

- Démon: Oui.

- Roger: Vous n'avez aucun droit légal d'être ici?

- Démon: Si.

-Roger: Avez-vous le droit de rester en lui?

-Démon : oui

-Roger : Oui ?

- Démon: Non.

- Roger: C'est vrai, vous n'avez pas le droit légal d'être ici, votre pacte est annulé, sortez immédiatement au Nom de Jésus. Ne revenez jamais dans cet homme. DEHORS ! DEHORS ! Gloire à Jésus-Christ, vous êtes libre !

13.3. Processus de libération du démon de Saint Mort

Cette libération a été faite par internet dans notre siège social aux États-Unis. Cette fois, c'est avec une jeune femme nommée Ana (nom changé). Elle souffrait de peur, de terreur, d'anxiété et de folie. Elle est allée plusieurs fois à l'hôpital et elle a même tenté de se suicider en se taillant les veines plus de sept fois.

Après avoir chassé beaucoup de démons, le dernier restant ne voulait pas sortir; nous avons découvert qu'elle avait fait un pacte avec ce démon très connu au Mexique comme le Saint mort, où des millions de Mexicains l'adorent en lui faisant même des processions.

Voici le processus de libération. Merci à notre Seigneur Jésus-Christ en qui nous avons toujours trouvé la victoire ; nous lui donnons tout honneur et toute gloire.

TEMOIGNAGE DE LIBERATION - Démon de la Mort

- Pasteur: A-t-elle fait un pacte avec vous?

- Démon: Oui, elle l'a fait.

- Pasteur: Quelle sorte de pacte a-t-elle fait?

- Démon: Oui

- Pasteur: Quel pacte a t-elle fait avec vous?

- Démon: Elle me cherchait toujours, à chaque instant. Elle m'a promis que lorsque son fils serait grand, à son tour, il ferait la même chose, c'est pour cette raison qu'elle est à moi.

- Pasteur: Etes-vous le démon de la Sainte Mort?

- Démon: Oui, je le suis. Elle est à moi. Comprenez-vous?

- Pasteur: Je vous écoute, je vous écoute, je comprends le pacte je sais que les pactes doivent s'accomplir. Elle a commis un grand péché, je comprends cela parfaitement, les pactes doivent s'accomplir, je comprends. Ce que vous dites, vous pouvez le confirmer sur le trône de Jehova comme vérité?

- Démon: C'est vrai.

- Pasteur: Ah oui, maintenant je vais parler avec cette petite fille, vous reculez pour l'instant au nom de Jésus, je vais parler avec elle.

- Pasteur: Est-ce que ce que le démon dit est vrai?

- Ana: Quoi?

- Pasteur: Ce que le démon dit est-il vrai? À propos d'un pacte que vous avez fait avec lui, avez-vous offert votre fils?

- Ana: Oui, je l'ai fait.

- Pasteur: Qu'est-ce que vous avez donnez dans le pacte? Qu'est-ce que vous avez promis? Que s'est-il passé?

- Ana: J'ai demandé à Sainte mort avant la naissance de mon fils. On m'a dit que je ne pouvais pas avoir d'enfant, alors j'ai prié Sainte mort et deux semaines plus tard, j'ai su que j'étais enceinte, je lui ai promis mon fils.

- Pasteur: Quand est-ce que ça s'est passé?

- Ana: il y a 8 ans.

- Pastor: Vous ne connaissiez rien de Jésus? De la Parole de Dieu ?.

- Ana: Non, je portais une petite chaîne avec l'image de Sainte Mort.

- Pasteur: Ok, j'enregistre tout car mon Dieu, au Mexique il y a beaucoup de personnes qui se trompent, qui font des erreurs en faisant des pactes avec les démons, la mort et toutes ces choses.

- Pasteur : Était-ce l'accord avec la Sainte Mort? C'est un problème

- Ana: Oui.

- Pasteur : OK, fermez les yeux, vous êtes maintenant avec le Seigneur, vous êtes maintenant avec le Christ. Fermez les yeux. Au Nom de Jésus, je parle au démon, Sainte mort, vous êtes là, sortez de l'obscurité, agenouillez-vous devant le trône de Jéhovah tout de suite! Vous êtes là ? Mort, vous êtes là?

- Démon: Oui.

- Pasteur : Mort, m'avez-vous entendu? Avez-vous encore le droit légal d'être dans cette femme? Répondez au Nom de Jésus-Christ. Mort, étiez-vous là à cause du pacte que cette femme a fait? Les pactes sont pour faits pour être accompli, n'est-ce pas?

- Démon: Oui, c'est vrai.

- Pasteur: Mais avez-vous entendu cette femme? Cette femme a été pardonnée. Ce pacte qu'elle a fait avec vous a été annulé, vous la savez bien. Comprenez-vous? Vous êtes un démon de haut rang au Mexique avec une forte influence, vous devez connaître très bien la Parole de Dieu, en fait, ce n'est pas votre faute, c'est la faute de la personne. Les personnes qui pèchent, qui font des choses qu'ils ne devraient pas les faire, des choses contre la Parole de Dieu...Vous, vous n'êtes là que pour accomplir votre travail; Ce travail est de voler, détruire et tuer cette personne. Le problème, c'est toujours le même, c'est le péché. Vous êtes un démon de grande influence au Mexique, n'est-ce pas?

- Démon: Oui, je le suis.

- Pasteur: Avez-vous beaucoup de gens qui vous suivent au Mexique?

- Démon: oui, Beaucoup.

- Pasteur : Qu'est-ce que vous avez à dire à tous ces gens ? Quelque chose en faveur du Christ. Que voulez-vous dire aux gens? Je vous enregistre, démon de mort. Que diriez-vous à l'humanité?

- Démon: Jésus est le chemin.

- Pasteur: Quoi d'autre?

- Démon: Si ils croient en leur Dieu comme ils disent, alors pourquoi ils me cherchent ?

- Pasteur: C'est vrai.

- Démon: Pourquoi ils me cherchent?

- Pasteur: C'est vrai, c'est une bonne question.

- Pasteur: Ce sont les gens, c'est le péché; c'est l'ignorance des gens, c'est le péché; c'est l'ignorance du monde entier.

- Pasteur: C'est vrai, pour faire du mal.

- Démon: C'est vrai.

- Pasteur: Quelle honte pour Jésus-Christ. Y at-il quelque chose de plus que vous voulez dire au peuple, Saint Mort? Avant que vous partez de cette femme.

- Démon: Oui.

- Démon: Avec moi, ils ne doivent pas jouer, ils ne doivent pas jouer.

- Pasteur: Quoi d'autre? Soyez plus clair avec les gens !

- Démon: Ils me cherchent pour leurs caprices, et avec moi ce n'est pas comme ça.

- Pasteur: Par exemple, qu'est-ce que les gens au Mexique demandent? Quelle est la demande la plus fréquente?

- Démon: Ils me demandent de faire revenir une personne, de réussir dans une entreprise ou dans une affaire illégale. Mais je suis très jaloux, je veux qu'ils n' adorent personne aucun autre dieu que moi.

- Pasteur: Avez-vous plus de démons à l'intérieur de cette femme? Avez-vous plus de démons dans la famille?

- Démon: Le suicide, la ruine, les problèmes familiers, les maladies, voilà ceux qui sont à l'intérieur d'elle.

- Pasteur: Et dans son fils?

- Démon: Il subira le même sort que la mère.

- Pasteur: Démon de mort. Tout d'abord, tous les démons de votre royaume doivent les quitter, sortez de cette femme et de l'enfant, immédiatement, au Nom de Jésus, sortez immédiatement.

Pour l'instant, vous restez, démon de mort, vous sortirez en dernier.

- Pastor: Vous restez là, au Nom de Jésus, libérez-les, elle et son enfant, au Nom de Jésus-Christ mon Seigneur, Ils sont déjà sortis? Mort, sont-ils tous partis? Au Nom de Jésus répondez moi oui ou non, Est-ce que vous m' entendez?

- Démon: Nous ne sommes pas beaucoup.

- Pasteur: Faites-les sortir de cette femme et cet enfant au Nom de Jésus. Êtes-vous seul là-dedans, mort?

- Démon: Il y en a encore quelques-uns.

- Pasteur: OK, de votre royaume, il n'en reste plus Ou il y a d'autres démons?

- Démon: Non.

- Pasteur: Parfait. il n'y a plus de démons de votre royaume dans cette femme ou son enfant ?

- Démon: Non, ils ne sont plus là (négation avec mouvement de la tête).

- Pasteur: Il n'y en a plus, pouvez-vous le confirmer devant le trône du Seigneur?

- Démon: Oui, je peux (affirmation avec mouvement de la tête).

- Pasteur: Ok, démon de mort, y'a-t-il un autre royaume à côté du vôtre? Y at-il plusieurs dirigeants là-dedans ? Ou êtes-vous le seul?

- Démon: Je suis seul.

- Pasteur: Pouvez-vous confirmer devant le trône de Jéhovah que ce que vous dites est la vérité?

- Démon: Oui, je peux (affirmation avec mouvement de la tête).

- Pasteur: Ok, Au nom de Jésus, je vous ordonne de suggérer la voie que nous devons suivre, le chemin de Jésus-Christ, d'accord?

- Démon: Oui.

- Pasteur: Les gens doivent chercher Jésus-Christ, mon Seigneur, il est le chemin. Démon de mort, vous êtes prêt à partir loin, mort? Êtes-vous prêt à laisser cette femme et sa famille tranquille? Sortez de cette femme et de sa famille au Nom de Jésus pour toujours, au Nom de Jésus, le cauchemar de cette femme est terminée, elle est libre pour toujours. Maintenant, elle est libre. Ana, vous êtes libre au nom de Jésus-Christ! Y a- t-il un démon associé à Ana là-dedans? Ok détendez-vous, Ana. Je m'adresse uniquement à Ana. Comment allez-vous?

- Ana: Je me sens détendue, j'étais nerveuse, mais je sens mieux maintenant.

- Pasteur: Tout est grâce à Jésus-Christ, seulement au Christ, sœur.

- Ana: C'est vrai.

- Pasteur: Remerciez-le, seulement lui!

- Pasteur: à Jésus-Christ... répétez après moi. Je suis de Jésus-Christ.

- Pasteur: Le sang de Jésus m'a racheté.

- Ana: Le sang de Jésus m'a racheté.

- Pasteur: Remerciez à Jésus-Christ, parce qu'il vous a libéré.

- Ana: Merci, mon Dieu de m'avoir libéré.

- Pasteur: Dites merci à Jésus, car c'est grâce à Jésus-Christ.

- Ana: Merci à Jésus-Christ, je vous remercie parce que je suis libre, parce que à partir de maintenant, je suis une femme différente, parce que je suis une nouvelle créature, je vous remercie parce que vous avez pardonné tous mes péchés, vous avez annulé ce pacte que je avais fait avec Sainte mort, et de la même manière, vous avez pris la malédiction de mon fils, cette malédiction prénatale, merci Père, je te fais confiance, Seigneur, je vous remercie, Seigneur Jésus.

13.4. Témoignage et processus de libération de diabète type 2

Il y a des millions de personnes qui souffrent du diabète c'est une maladie très fréquente, c'est la raison pour laquelle nous en parlons dans ce livre.

Note: En raison de la popularité de cette maladie qu'est le diabète, nous avons décidé de le mettre dans notre prochain livre: « Libérez-vous des maladies » et son processus de guérison. Comment faire pour supprimer ce démon de diabète ?

Pastor: Aujourd'hui, nous sommes le neuf septembre 2014. Frère, pourquoi avez-vous besoin de libération?

Pedro: J'ai 24 ans, je suis diabétique comme toute la famille de mon père, qui est décédé en 2009. Ma mère est aussi diabétique et appartient à un groupe de prière à l'église. J'ai un fils, et sincèrement je voudrais profiter de la vie avec lui. Je sais que Dieu est un Dieu puissant et qu'il peut nous guérir ma famille et moi du diabète, c'est pour cette raison que je veux être libéré et pouvoir témoigner. Je travaille, n'ai pas un gros salaire mais mon argent se dilapide très très vite alors que je ne dépense pas bêtement. Je veux tout changer dans ma vie, être sérieux, servir l'église etc... C'est pour cette raison que je demande la libération.

Pasteur : Amen, amen. Avec cette introduction, on va remercier le Seigneur; nous allons faire libération mon frère.

Nous sommes le 9 Septembre 2014 à Seattle aux États-Unis ; Mon frère est à Cancun, au Mexique, nous utilisons Internet comme technologie pour la gloire de Jésus-Christ.

Pour tous les démons qui sont en cet homme, je vous ordonne au Nom de Jésus, en particulier au plus puissant. A vous je m'adresse et je vous donne l'ordre de sortir de l'obscurité, de ce trou et s'agenouiller devant le trône de Jéhovah. Démon, êtes-vous là?

- Démon: Oui, je suis ici.

- Pasteur: Pourquoi vous êtes à l'intérieur de cet homme ? Vous êtes venu pour le voler, le tuer et le détruire, c'est votre mission. C'est le péché qui vous a ouvert la porte, ce péché l'a éloigné de notre Seigneur alors que Saint est le Seigneur, Saint, saint, et tout ce que je dis c'est vrai. Depuis quand êtes-vous à l'intérieur de cet homme?

- Démon: Depuis qu'il était enfant, il avait quinze ans.

- Pasteur: Et que s'est-il passé dans la vie de cet homme quand il avait quinze ans?

- Démons: Il regardait des films et magasines, pornographiques.

- Pasteur: Cet homme a fait une erreur. Combien de démons avez-vous dans votre royaume? Au Nom de Jésus, combien êtes-vous?

- Démons: 163

- Pasteur: Dites-vous la vérité devant le trône de l'Éternel?

- Démons: Non, hahaha (rires).

- Pasteur: Dites la vérité au nom de Jésus.

- Démons: Nous sommes huit démons puissants et nous n'allons nulle part.

- Pastor: Vous jurez que vous êtes 8 devant le trône du Seigneur?

- Pasteur: Démon, vous êtes le chef là-dedans?

- Démons: Oui. Je suis diabète, rires.

- Pasteur: Voulez-vous donner un message sur le diabète aule monde entier et comment entrez-vous à l'intérieur d'un corps?

- Démons: Nous travaillons et entrons l'intérieur par la gourmandise, quand ils ne prennent pas soin de leur corps qui est le temple de Dieu, est-ce que vous me comprenez? C'est comme ça qu'ils nous ouvrent les portes pasteur, et je ne vais pas le quitter.

- Pasteur: Est-ce que vous avez beaucoup de démons dans cet homme. Et dans sa famille, combien avez-vous?

- Démon : six.

Chers lecteurs, vous pouvez réaliser qu'il y a toujours des dirigeants de plusieurs royaumes.

Luc 8 : 30.31

- Et Jésus lui demanda quel est votre nom? Et il dit: Légion; car plusieurs démons étaient entrés en lui.

- Et ils priaient instamment Jésus de ne pas leur ordonner d'aller dans l'abîme.

- Pasteur: Pouvez-vous confirmer que ce que vous dites c'est la vérité devant le trône du Seigneur?

- Démon: Oui, je peux.

- Pasteur: diabète, comment vous faites du mal à cet homme?

- Démon: Nous ne voulons pas qu'il cherche Dieu. Avec nous il peut forniquer, et son désir de la chair est très fort, je l'ai convaincu facilement.

- Pasteur: C'est votre travail mais la porte, c'est le péché?

- Démon: oui.

- Pasteur: Parce qu'il a offensé le Seigneur, lui qui est Saint. Et votre nom diabète?

- Démon: Je suis le plus célèbre et l'esprit plus connu, je détruis et personne ne peut me faire sortir.

- Pastor: Vous êtes l'un des démons les plus connus au monde entier.

- Démon: Et je suis fort.

- Pasteur: diabète, vous êtes un démon fort; alors, connaissez-vous la Parole de Dieu? Savez-vous que Jésus-Christ a payé avec son sang pour cet homme?

- Démon: Oui, mais il a péché, j' ai le droit sur lui, donc je ne vais pas le quitter.

- Pasteur: Ecoutez-moi, il semble que vous ne m'ayez pas compris, cet homme a demandé pardon à Dieu, et quand il le fait, son péché est pardonné. Le Seigneur lui a pardonné, vous étiez là pour le péché, et c'est fini maintenant; il a disparu, ainsi que votre travail est terminé. Jésus a déjà payé pour cet homme. Diabète, dites à vos démons qu'ils doivent s'en aller pour toujours, au nom de Jésus.

- Pasteur: Sont-ils partis? Diabète, combien enrestent-ils?

- Démon: Six, il en reste six.

- Pasteur: Jésus a versé son sang. N'est-ce pas ?

- Démon: Oui, oui, il l'a fait. J'étais là.

- Pasteur: parfait, alors, les six démons qui restent doivent partir au Nom de Jésus, et partir pour toujours.

- Pasteur: Diabète, es-tu le seul là-bas?

- Démon: Non, je ne suis pas le seul.

- Pasteur: Pouvez-vous le confirmer devant le trône du Seigneur?

- Démon: Oui, je peux.

- Pasteur: Sortez de cet homme maintenant.

- Démon: Non, non (gémissements). D'accord on part tout de suite.

- Pasteur: Vous êtes libre, frère!

- Pasteur: Ouvrez vos yeux, mon frère.

- Pasteur: Comment êtes-vous, mon frère?

- Pedro: Je ne sais pas, mais tout mon corps frissonne terriblement.

- Pasteur: Rendez grâce à Jésus, frère.

- Pedro: Merci, Jésus, je vous remercie, le Christ vit, Frère, il est si merveilleux, je pensais que j'étais perdu, J'étais sceptique dans la libération. Je me sens si bien, si léger et propre comme un bébé qui sort du bain (rires). Je rends grâce à mon seigneur Jésus, il m'a libéré, je doutais, je remercie Dieu; Il faut que les églises connaissent l'importance de la libération.

Pasteur: Frère, ferme les yeux, reste tranquille. On va continuer. Au Nom de Jésus, Je demande si le démon du diabète est bien parti?

Démon : Oui

Pasteur : Ok ! Et vous qui êtes-vous ?

Démon: Je suis le démon de la Sainte Mort.

Pasteur: Vous êtes ici pour les péchés qu'il a commis?

Démon: Oui

Pasteur: Quel péché? celui de la sorcellerie?

Démon : Oui

Pasteur : Comment êtes-vous entré ? Par la nourriture?

Démon: Non, par une poupée.

Pasteur: Vous pouvez soutenir devant le trône de Jésus (Jéhova) que ce que vous dites est la vérité?

Démon: Oui je le peux

Pasteur: Ok! Votre mission est terminée, vous prenez toutes vos affaires, toutes les maladies et tous les démons que vous avez mis en lui, dans sa famille et même dans son travail. Au nom de Jésus DEHORS pour toujours. Cet homme est libre ! J'annule toute la sorcellerie, toutes les prières, toutes les paroles de malédictions faites sur cet homme à travers des poupées, photos, nourriture, boisson etc… Tout est annulé au Nom de Jésus.

Membre de la famille de Pedro: Frère, le démon veut arrêter l'ordinateur à travers Pedro!

Pasteur: Je t'ordonne au Nom de Jésus de ne pas arrêter l'ordinateur, et je t'ordonne au Nom de Jésus de partir tout de suite Tu n'as aucun légal sur lui DEHORS AU NOM DE JESUS!

Pasteur: Pourquoi veux-tu arrêter l'ordinateur?

Démon: Je ne veux pas partir d'ici! Je ne suis pas d'accord et je reste !

Pasteur : Tu sais que notre Seigneur est Saint Saint Saint…

Démon : TAIS-TOI ! Ça me brûle ! je suis sorcellerie ! Tu ne te souviens pas de moi? Je suis très belle!

Pasteur: Rallume la caméra tout de suite au Nom de Jésus! Nous sommes devant le trône du Tout Puissant ! Sorcellerie tu es là parce que quelqu'un t'a envoyée à travers une poupée laquelle est entourée de liens, traversée d'aiguilles et ficelée. Tu sais bien que maintenant cet homme appartient à Jésus et la seule façon de te faire partir c'est de couper toutes les attaches et nettoyer la poupée. Tu sais que Jésus a payé de sa sainteté tous les péchés de cet homme. Il a tout emporté sur la Croix du Calvaire! On envoie l'Epée de Dieu à l'endroit où est enterrée cette poupée et on coupe toutes les chaines, on arrache toutes les aiguilles, on retire toute la terre de cimetière et toutes les choses maléfiques qui ont été faites dessus. On annule toutes les prières et tout travail démoniaque. Au nom de Jésus, on nettoie intégralement cette poupée et on coupe toute relation entre cette poupée et cet homme. Avec l'Epée de Jésus je détruis totalement cette poupée. Maintenant Démon tout est fini ! Tu prends toutes tes affaires et tu pars tout de suite au Nom de Jésus ! Cet homme est libre à partir de maintenant. Maintenant Pedro répète:

Pedro: Je suis de Jésus-Christ, le sang de Jésus m'a purifié merci Jésus pour ma libération. Amen

Pasteur: Tu es libre.

Pedro: Amen Frère, je voulais dire quelque chose mais je ne pouvais pas. Je n'ai jamais ressenti ça ! J'étais parfaitement conscient, j'entendais tout mais c'était le démon qui communiquait avec vous à travers moi.

Pedro: Attendez Pasteur, je ne me sens pas bien! J'ai mal à la tête, mes jambes sont très lourdes et je ne sens plus ma circulation.

Pasteur: Ok referme les yeux. Est-ce que le démon de la sorcellerie est parti?

Démon: Oui

Pasteur: Parfait! Qui es-tu?

Démon : je suis Ruine.

Pasteur : ok démon ! Tu sais que cet homme a été pardonné au nom de Jésus-Christ, maintenant tu prends toutes tes affaires, les dettes, et tous les démons que tu as mis dans sa famille et autour de lui et vous partez immédiatement et pour toujours au Nom deJésus.

Le sang de Jésus est puissant et suffisant et vous partez de ses poches, de son portefeuille et de tous les endroits où vous êtes installés. Cet homme est libre maintenant au Nom de Jésus.

Je m'adresse à tous les démons, même les générationnels, et vous ordonne de quitter cet homme, sa femme, ses enfants, laissez-les au nom de Jésus. C'est clair? Vous partez avec toutes vos maladies, fornication, aberrations sexuelles, adultère, mensonge, moquerie, tout. Cet homme a été pardonné pour toutes ses erreurs et celles de ses ancêtres, tous les péchés sont pardonnés parce Jésus s'est fait malédiction sur la croix du Calvaire.

Dehors de ses yeux, de sa tête, ses oreilles, ses bras et jambes. Vous n'avez rien à y faire, cet homme est né de nouveau en Jésus-Christ. Partez de son dos, de son cœur. Toute solitude, dépression, démon de mort, de ses parties intimes de son ventre, ses mains et ses pieds, Dehors!

Je détruis, au Nom de Jésus, tout attachement qui l'empêche d'avancer. Cet homme est libre, sa femme et leurs enfants aussi.

Cet homme est libre, libre pour toujours au Nom de Jésus, tous dehors, personne ne doit rester cet homme a été pardonné par le sang que notre Seigneur Jésus-Christ a versé.

Mon frère, maintenant vous êtes libre et sain.

-Amen, gloire à Dieu, Merci Jésus!

13.5. Témoignage sur la santé: maladies chroniques telles que le diabète, la thyroïde, la colère, l'hypertension artérielle et la rosacée (couperose).

Témoignage de Fidelina Umbert de l'Argentine...

J'ai demandé de l'aide parce que, malgré que j'ai reçu Jésus-Christ dans mon cœur comme Sauveur et Seigneur, je pouvais passer de la colère à la haine d'un instant à l'autre. Je ne savais pas pourquoi. Je souffrais également de maladies chroniques telles que le diabète, la thyroïde, l'hypertension artérielle et la rosacée (état de la peau provoquant des rougeurs, en particulier dans le visage). Chaque jour, mon visage était pire.

C'est pourquoi j'ai demandé de l'aide au pasteur Roger. Il a décidé de faire une prière de libération et beaucoup de démons se sont manifestés. Le pasteur était courageux car il a eu à faire à une légion de démons pendant deux heures. Ces démons ont pris le contrôle de mon corps et de mes pensées. Toutes les maladies dont je souffrais était occasionnées par des démons même la colère et la haine. Mais grâce à la libération faite par le pasteur au Nom de Jésus, je n'ai plus ces crises de colère et je suis libre. Mes maladies sone nécessitent plus de prises de médicament et la rosacée de mon visage a complètement disparu, mon visage n'a pas de marques. Nous avons réalisé que même les chrétiens peuvent avoir des démons comme moi, occasionnant des maladies et toutes sortes de problèmes dans votre vie. Je remercie le pasteur Roger D Muñoz de se laissé guidé et utilisé par notre Seigneur Jésus-Christ. Je le bénis au nom de Jésus-Christ ainsi que son ministère Cristolibera.

13.6 ATTENTION AUX PAROLES DE MALEDICTIONS
Nous devons être très prudents avec les paroles que nous disons celles que nous recevons.

☐   Je me souviens d'une femme que je libérais. Elle ne pouvait pas avoir d'enfants et à la libération, le démon de l'infertilité s'est manifesté, il est entré en elle un jour où sa belle-mère lui a crié qu'elle ne pourrait jamais avoir d'enfants et jusqu'à ce jour elle n'en avait jamais eu.

☐   Une fois, je priais pour un pasteur qui ne prospérait pas. Le démon s'est manifesté et a avoué qu'il était coupable de l'échec du pasteur et il était entré en lui depuis son enfance parce que sa mère lui disait toujours: « tout ce que tu touches tu le détruis". Et pour cette raison, le démon de la destruction est entré dans son corps, grâce à Jésus, il est libre et sa vie a changé.

☐   Une autre fois, un démon m'a répondu énervé: COMMENT VOULEZ VOUS QUE JE PARTE, ELLE M'A MAUDIT!, ELLE A DIT MAUDIT SOIS-TU MILLE FOIS!!! Comment voulez-vous que je m'en aille?

☐   Beaucoup de gens souhaitent mourir et les démons de mort en profitent pour entrer dans leur corps, ce qui est très commun.

Auteor: Roger D. Muñoz

14. FORMULAIRE DE QUESTIONS

Informations importantes avant de remplir ce formulaire

C'est la partie clé de ce manuel, veuillez s'il vous plait remplir ce formulaire avec honnêteté et sincérité et jeûner au moins trois jours avant votre libération.

Le but de ce formulaire est de trouver les portes d'entrée possibles des démons, des maladies. Par conséquent, votre honnêteté, votre sincérité et la précision dans vos réponses faciliteront votre libération et guérison.

Jacques 5:16 " Confessez donc vos péchés les uns aux autres, et priez les uns pour les autres, afin que vous soyez guéris".

Matthieu 6 : 14-15 « Si vous pardonnez aux hommes leurs fautes, votre Père Céleste vous pardonnera aussi ; Mais si vous ne pardonnez pas aux hommes, votre Père ne vous pardonnera pas non plus vos fautes.

Jésus Christ nous a rachetés de la malédiction, de la loi, les iniquités de nos péchés et de ceux de nos ancêtre (Galates 3:13). Mais les démons ne partent pas, ils restent sans aucun droit légal dans nos corps et ceux de notre famille en occasionnant des maladies, souffrances. C'est pour cela qu'il est primordial de connaitre nos péchés et ceux de nos ancêtres pour pouvoir y renoncer et les expulser avec plus de facilité et par conséquent exterminer de notre famille toutes les malédictions de diabète, cancers, alcoolisme, pauvreté etc…

FORMULAIRE DE QUESTIONS

Date _____

Nom et prenom

_____

Pays, ville:

_____
_____
_____

Teléphone_____

Mail:_____

Age:_____

Celibataire ( ) Marié (e) ( ) Veuf (ve) ( ) Divorce ( )
Concubinage ( ) paxé (e) ( ) fiancé (e) ( )

Combien fois:_____   Expliquez :   Profession:
_____
_____

Fontion principale dans votre travail:
_____
_____

Quelle est votre histoire avec l'église de Jesus-Christ?:
_____
_____
_____

Avez-vous accepté Jesus comment votre Seigneur et Sauveur? ( ) Depuis quand?

_____
_____

Baptisé (e) ? A quelle age : _____

Baptisé au nom du Père, du Fils et du Saint Esprit?
_____
_____

Dime (contribution à l'église) ? _____

Combien enfant vous avez? ____ Sont-ils croyants? _____
Expliquez :

_____

_____

PARTIE DES ANCÊTRES

S' il vous plaît enquêter puis calmement écrivez tout ce que vous savez ou suspectez de vos ancêtres, y compris vos oncles, cousins, famille actuelle et passée, parce que leurs péchés laissent dans nos familles des malédictions qui peuvent nous affecter directement. Dans la plupart des libérations, j'ai trouvé démons présents depuis la conception. Je le répète, les malédictions et les péchés ont été retirés par Jésus-Christ, mais les démons qui restent sont la cause des maladies.

Savez-vous si certains de vos ancêtres, parents, grands-parents, etc… ont fait des pactes, ont pratiqué la sorcellerie, nettoyages énergétiques, feng-shui, yoga, tarologie, astrologie, numérologie, arts divinatoires, adultère, relation ou naissance hors mariage, divorce, ivresse, perversions sexuelles, zoophilie, alcoolisme, délinquance, dépression, maladies mentales, suicide, diabète, folie, colère, meurtre, satanisme etc…

Notez tout ce que le Saint-Esprit vous soufflera.

_____
_____

_____

1. DE LA CONCEPTION A LA NAISSANCE

Essayez de renseigner un maximum:

Comment était votre naissance ? Césarienne? Normal? Expliquez :

_____
_____
_____

_____

Lorsque votre mère était enceinte : Était-elle amoureuse ? Était-ce un amour occasionnel ? Était-elle mariée ? Était-ce une grossesse désirée ? Avez-vous été violée? Etiez-vous ivre? etc... Que savez-vous? expliquez-vous:

_____
_____

_____

Traumatisme ou accident pendant la grossesse? oui ( ) No ( ) Expliquez:

_____
_____

_____

Avez-vous été rejeté (e)? Vos parents ne voulaient pas vous avoir? Votre mère a-t-elle fait une tentative d'avortement? Des paroles de malédiction? Expliquez :_____

_____

_____

Les deux parents étaient-ils chrétiens? Oui ( ) Non ( ) Expliquez:

_____

_____

_____

DE LA NAISSANCE A L' ADOLESCENCE

Avez-vous été adopté? Oui () Non () Expliquez:

_____

_____

_____

Avez-vous rencontré vos parents? Oui () Non () Expliquez:

_____

_____

_____

Quel rapport aviez-vous avec chacun d'eux? Expliquez:

_____

_____

_____

Y'avait-il des disputes, des cris, de la violence dans votre maison? Oui () Non () Expliquez:

_____

_____

_____

Avez-vous été élevé dans un foyer chrétien? Oui () Non () Expliquez:

Avez-vous reçu des malédictions par la parole: Vous êtes un paresseux, bon à rien, vous êtes un échec etc…? Expliquez:

_____

_____

_____

_____

Vous a-t-on dit des phrases telles que: Tu as deux mains gauches, tu détruis tout ce que tu touches... Etc.?

_____

_____

_____

_____

Avez-vous été victime de violences sexuelle? Oui ( ) Non ( ) Oui Qui a abusé de vous?

_____

_____

_____

Avez-vous été abusé physiquement et /ou psychologiquement? Physique ( ) psychologique ( ) Expliquez:

_____
_____

_____

Avez-vous participé à des jeux sexuels comme maman et papa... Etc.? Oui () Non () Expliquez:

_____
_____
_____

_____

Comment était votre enfance? Exemple: la solitude, le rejet, combat... Etc...:

_____
_____

_____

Un de vos ancêtres (parents, grands-parents, arrière grands-parents) ou vous-même avez appartenu à une secte, témoin de Jéhova, Mormon, nouvelle ère, bouddhisme, athéisme, satanisme... Etc? Oui () Non () Expliquez:

_____
_____

_____

Un de vos ancêtres (parents, grands-parents, arrière grands-parents) ou vous-même, avez souffert ou avez actuellement l'une des maladies suivantes: schizophrénie, folie, peur, nervosité, anxiété, troubles mentaux, tumeur, cancer, asthme, diabète ... etc.? Oui ( ) Non ( ) Expliquez:

_____
_____
_____
_____

Avez-vous vu des films: d'horreur, d'épouvante, de violence, de meurtres, de pornographie, de moquerie, etc.? :

_____
_____
_____
_____

Quels sont les jeux vidéo, Ouija, spiritisme, magie, bagarres, meurtres… etc auxquels vous avez joué? Nommez-les. Expliquez:

_____
_____
_____

QUESTIONS GENERALES

Êtes-vous orgueilleux (se)?

_____

Avez-vous vu la pornographie? Oui ( ) Non ( ) Expliquez:

_____
_____
_____
_____

Vous êtes-vous déjà masturbé? Oui ( ) Non ( ):
_____

Avez-vous vu ou pratiqué des aberrations sexuelles comme la zoophilie, nécrophilie, homosexualité, prostitution, pédophilie etc.? Oui ( ) Non ( ) Expliquez:

_____
_____
_____
_____
_____

Avez-vous été infidèle? Oui ( ) Non ( ) Expliquez:
_____

Vivez-vous avec un partenaire, sans être mariés? Oui ( ) Non ( ) Expliquez: _____

Ces péchés sont des portes d'accès pour les démons:

Ces questions sont pour vous, votre conjoint, votre partenaire... Car chacun d'eux vous attache à ses propres démons qui continuent de vous affecter car cela s'applique au présent mais aussi au passé.

Combien de partenaires sexuels avez-vous eu ? Expliquez:

_____
_____

_____

Savez-vous ou suspectez-vous des pratiques de sorcellerie dans vos couples passés ainsi que dans leurs familles?

_____
_____

_____

Combien de fois avez-vous divorcé ou vous êtes-vous séparé?

_____
_____

_____

Avez-vous ou avez-vous eu des ennemis? Des altercations? Expliquez:

_____
_____

_____

Etes-vous ou avez-vous été envieux (se) ? Expliquez:

_____
_____

_____

Avez-vous consommé de l'alcool, la drogue, la cocaïne, la marijuana... Etc.?

_____
_____
_____

Avez-vous des tatouages sur votre corps? Expliquez :

_____
_____
_____
_____

Avez-vous une amulette pour "protection" ou "Bonne chance" ... Etc.?

_____
_____
_____

Avez-vous ou avez-vous eu n' importe quelle image, objet d'idolâtrie, chapelets, images de saints, ou qui s'y rapporte au catholicisme? Porté au cou, dans la maison, chambre, voiture, bureau ... Expliquez:

_____
_____
_____
_____
_____

Avez-vous été baptisé devant une vierge, un saint... Etc.?
Expliquez :

_____
_____

_____

Votre prénom a-t-il une relation avec un saint, une autre personne, un évènement ? Par exemple, un grand frère décédé etc...

_____
_____

_____

Avez-vous fait la sorcellerie? Alliances ou pactes ? Oui ( ) Non ( )
Expliquez:

_____
_____

_____

Avez-vous connaissance ou soupçonnez-vous l'existence de pactes ou sorcellerie faites sur vous ou vos ancêtres? Oui ( ) Non ( ) Expliquez:

_____
_____

_____

Savez-vous si les locataires précédents ont péchés (homosexalité, sorcellerie etc...) dans la maison dans laquelle vous vivez? Quels péchés pratiqués?

Avez-vous bénit votre maison avant d'y habiter ? Oui ( ) Non ( ) Expliquez:

Savez-vous si un de vos voisins a pratiqué l'occultisme? Oui ( ) Non ( ) Expliquez:

Depuis que vous habitez dans cette maison est ce que des problèmes ont commencé? tels que (maladies, difficultés financières, cauchemars, disputes, bruits dans la maison, choses inhabituelles etc…. Oui ( ) Non ( ) Expliquez:

Avez-vous eu des accidents ou traumatismes? Par exemple: accidents de voiture, opérations d'urgence etc… Oui ( ) Non ( ) Expliquez:

_____
_____
_____

De quelles maladies souffrez-vous?

_____
_____
_____

Quel traitement médicamenteux prenez-vous?

_____
_____
_____

Avez-vous peur? souffre-vous de dépression? du stress? etc....
Oui ( ) Non ( ) Expliquez:

_____
_____
_____

Avez-vous perdu quelqu'un de proche? Famille?Amis? Donnez le ou les noms, les détails de la mort et expliquez?

_____
_____
_____

Travaillez-vous dans un funérarium? Dans un hôpital ? Ou tout autre lieu en rapport avec la mort, la douleur, le sang ?

_____
_____
_____

Avez-vous une addiction ? Oui ( ) Non ( ) Expliquez:

Auteor: Roger D. Muñoz

_____
_____

_____

Pratiquez-vous le Yoga, Karaté, Arts Martiaux? Oui ( ) Non ( ) Expliquez:

_____
_____

_____

Quel style de musique écoutez-vous avant de vous convertir au Christ? Détaillez:

_____
_____

_____

Avez-vous regardé des films d'horreur, violence, magie, Batman…. Etc ?

_____
_____

_____

Faites-vous des cauchemars ? Sont-ils répétitifs ? Toujours les mêmes ? Expliquez:

_____
_____

_____

Aimez-vous et regardez-vous la boxe, la lutte, des films d'action? Détaillez et donnez le nom des acteurs principaux que vous admirez:

_____
_____

Quel est votre passion ? Hobby ? Comment occupez-vous votre temps libre ?

_____

Etes-vous rebelle ? Oui ( ) Non ( ) Expliquez :

_____

Etes-vous haineux ? Oui ( ) Non ( ) Expliquez :

_____

Avez-vous pardonné et demandez-vous pardon ? Oui ( ) Non ( ) Expliqez :

_____

Avez-vous déjà maudit Satan et ses principautés ou gouvernement etc… ? Oui ( ) Non ( ) expliquez:

Etes-vous fâché (e) contre Dieu? Oui ( ) Non ( ) Expliquez:

Faites une liste de tous vos péchés que vous n'auriez pas mentionné avant. Prenez votre temps pour le faire et demander au Saint Esprit de vous aider à vous souvenir. Sachez que c'est important pour chasser définitivement tout démon qui pourrait rester caché.

Quelle est à votre avis l'origine de tous vos problèmes? Notez ici ce que vous pensez important de dire pour contribuer à votre libération et guérison:

REFLEXION

Dieu a choisi Moïse comme chef de file pour libérer son peuple de l'esclavage, et il a obéi. Parce que la puissance de Dieu était avec lui.

Dieu a choisi Josué comme chef de file et successeur de Moïse pour conquérir la Terre promise dominée par l'ennemi et lui aussi a obéi.

Dieu a envoyé son Fils bien-aimé Jésus-Christ pour nous libérer de l'esclavagisme de Satan et il a obéi.

Jésus a choisi ses apôtres pour étendre le royaume de Dieu avec des signes, prodiges, libérations et guérisons réalisés avec la puissance de l'Esprit Saint et ils ont obéi. Jésus a choisi ce ministère de la Libération CRISTO LIBERA pour poursuivre la libération et la guérison de son peuple et nous obéissons. Le ministère de la libération sur ordre de notre Seigneur Jésus-Christ vous presente à travers ces libres de puissantes armes de guerre spirituelle que nous utilisons avec succès. Maintenant, c'est à vous de les utiliser.

La question est que ferez-vous?

1 Samuel 15: 22b (LS)

l'obéissance vaut mieux que les sacrifices

2 Timothée 2: 2 (LS)

Ce que tu as entendu de moi en présence de nombreux témoins, confie-le à des personnes fidèles qui soient capables de l'enseigner aussi à d'autres.

Matthieu 10: 8 (LS)

Guérissez les malades, [ressuscitez les morts,] purifiez les lépreux, chassez les démons. Vous avez reçu gratuitement, donnez gratuitement.

Que Dieu, au Nom de Jésus et avec son Saint-Esprit, vous donne la sagesse et le discernement, pour que vous preniez la meilleure décision de votre vie. LES CHAMPS SONT PRETS POUR LA RECOLTE. On vous encourage à récolter.

RECOMMANDATIONS FINALES

Mettre en œuvre toutes ces armes de guerre spirituelle.
Evangéliser avec notre série de livres Libérez-vous.
Procurez-vous le manuel libérez-vous.
N'hésitez pas à lire et relire nos livres.
Recommandez nos ouvrages.
Roger D Munoz
WWW.CRISTOLIBERA.ORG

CRISTO LIBERA
MINISTÈRE DE LIBÉRATION ET GUERISON
SEATTLE, WASHINGTON Etat-Unis.

Auteor: Roger D. Muñoz

Obtenez notre série de Libérez-vous sur notre site.

www.cristolibera.org

GROUPE FRANCE

LA VERSION DE LA BIBLIE QUE NOUS UTILISONS EST LA LOUIS SEGOND.

www.ingramcontent.com/pod-product-compliance
Lightning Source LLC
Chambersburg PA
CBHW071909290426
44110CB00013B/1329